Uma educação pela pedra: por lições;
para aprender da pedra, freqüentá-la;
captar sua voz inenfática, impessoal
(pela de dicção ela começa as aulas).

João Cabral de Melo Neto

A educação pela pedra
e outros poemas

ALFAGUARA

Sumário

Belo, Bula

Neste volume que o leitor agora tem em mãos, reúnem-se os livros que, em conjunto, podem ser considerados como o ponto mais alto de toda a produção poética de João Cabral de Melo Neto: *Quaderna*, *Dois parlamentos*, *Serial* e *A educação pela pedra*.[1]

O leitor perceberá, imediatamente, que está diante de diferentes projetos estéticos, mas que todos têm em comum a construção complexa e o vigor da linguagem. Confrontando-se com a idéia disseminada de que a paixão e o descontrole são índices de autenticidade existencial e artística, Cabral tomou o caminho contrário, buscando impor-se à poesia pelo método, pela disciplina e pelo projeto. E, a fim de que tal domínio por meio da construção controlada superasse o risco de converter-se em fórmula, optou pelo partido mais custoso: manter-se em constante estado de alerta, condicionando sua criação a uma série sempre renovada de obstáculos e dificuldades. Cada livro, desse modo, nasceria de uma concepção crítico-teórica própria, dentro da qual cada poema fosse uma forma projetada em função do plano como um todo.

Quaderna chama atenção menos pelo livro como estrutura do que pela construção dos poemas enquanto obras autônomas. Figuram nele muitos dos mais excepcionais poemas de Cabral, alguns bastante conhecidos, como "Estudos para uma bailadora andaluza", "Paisagem pelo telefone", "A mulher e a casa", "A palavra seda", "A palo seco", "Poemas(s) da cabra" e "Jogos frutais".

Além de uma novidade temática na obra do poeta — a mulher —, o mais flagrante em *Quaderna* é a apresentação de um certo encaminhamento construtivo, no qual os poemas acionam modos de avaliação das suas próprias imagens, o que expõe, até onde isso é possível, o processo de estruturação do texto. Assim, poemas como o estonteante "A uma bailadora andaluza" criam um dinamismo avesso ao repouso e à aceitação passiva das imagens: a bailadora é comparada com algo (o "fogo", a "espiga", o "livro" etc), mas, a seguir, os versos testam a "validade" da comparação e, detectada alguma "falha", troca-se de símile, assim por diante. Essa "*estrutura translúcida*"[2] resulta de um empenho estético e ético, pois se diz respeito fundamentalmente à relação do escritor com a criação e com seu texto, prolonga-se também como uma proposição que inclui o leitor: é um papel ativo o que o poema propõe, um diálogo em que a arbitrariedade da metáfora tem seus limites compartilhados, em que a poesia se efetua como conhecimento do objeto sobre o qual se detém e, simultaneamente, oferece-se como objeto de conhecimento.

Dois parlamentos, a obra seguinte, traz questões ligadas mais diretamente à construção do livro como um todo. Dividido em duas partes, apresenta em ambas a característica cabralina de dar a ver o objeto — no caso, os cemitérios, ou, antes, a morte — em possíveis e variadas faces, como se este girasse à frente de um olhar analítico, que procura certa fidelidade mas que, igualmente, deforma, à maneira da pintura cubista. A tal distanciamento soma-se um outro, o da estruturação dramática: o livro adota o formato de falas articuladas em diálogos, nos quais não há a presença de narrador. Quanto a isso, é fundamental atentar para as notações que, entre parêntesis, acompanham os títulos de cada um dos dois segmentos que compõem o volume, pois, à semelhança do que ocorre na escrita teatral, elas funcionam como rubricas: na primeira, "Congresso no Polígono das Secas", lemos: "(ritmo senador; sotaque sulista)"; na segunda, "Festa na casa-grande", há a seguinte especificação: "(ritmo deputado; sotaque nordestino)". Em ambos os casos há um duplo distanciamento, social-hierárquico e espacial. E embora, na segunda parte, haja um "sotaque nordestino", o discurso se localiza na "casa-grande", numa "festa", longe do que seria uma senzala-sertão, caracterizando-se como um *topos* reservado.[3] Não há, portanto, a fala do retirante, como em *Morte e vida severina*, ou a da própria paisagem, como em *O rio*, mas uma seqüência de enunciações que, sem desenhar personagens, são antes a teatralização de um distanciamento ideológico.

A primeira parte do livro compõe-se de 16 partes/estrofes, cada qual composta por 16 versos.[4] A numeração delas, no entanto, não é linear, e propõe, ao contrário, uma ordem própria, com saltos em progressão aritmética: 1, 5, 9, 13, 2, 6, 10, 14, 3, 7, 11, 15, 4, 8, 12, 16. É possível perceber que a metrificação dos quatro primeiros versos (uma implícita quadra de abertura) de todas as estrofes repete-se de quatro em quatro, produzindo-se, com isso, uma identidade métrica que forma quatro séries, cada uma delas formada por quatro partes/estrofes: série

1, 5, 9, 13; série 2, 6, 10, 14; série 3, 7, 11, 15; série 4, 8, 12, 16. Além da semelhança métrica, as séries podem ser reconhecidas por uma espécie de entrada formal comum a elas, composta pelo primeiro verso e parte do segundo, respectivamente (há, também, diferenças/semelhanças no arranjo gráfico).

Para que o leitor acompanhe o desenvolvimento do poema nas suas séries, basta que empreenda uma leitura página a página. Esta linearidade, no entanto, será aparente, se considerarmos que, numericamente, em vez da disposição convencional há uma seqüência de saltos. Mas, se o leitor quiser ignorar as séries em prol da ordem numérica linear, terá, contraditoriamente, de ir e vir muitas vezes, saltando páginas e obstáculos. Optando por um ou por outro caminho, não há como deixar de ver que há uma estrutura de encaixes, cortes, combinações. Na verdade, o livro, já antes de ser lido, exibe-se como construção, na medida em que dispõe as estrofes de modo não-consecutivo (1, 5, 9, 13, 2, 6...). O leitor, mesmo ignorando as repartições das quatro séries, reconhecerá o desenvolvimento de duas seqüências: 1, 2, 3, 4... e 1, 5, 9, 13... Ler, então, será, de qualquer modo, participar do jogo textual, ou ainda, da construção do livro.

A segunda parte do volume, "Festa na casa-grande", segue esquema semelhante. No entanto, o número de estrofes aumenta para vinte, assim dispostas: 1, 6, 11, 16, 2, 7, 12, 17, 3, 8, 13, 18, 4, 9, 14, 19, 5, 10, 15, 20. As séries passam a cinco, conformadas como se lê: série 1, 6, 11, 16; série 2, 7, 12, 17; série 3, 8, 13, 18; série 4, 9, 14, 19; série 5, 10, 15, 20. A identidade já não se vale do critério da métrica (todos os versos possuem seis sílabas), sendo o recurso mais flagrante a "entrada" formal, realizada aqui como semelhança construtiva entre os primeiros versos das estrofes. As exceções a tal esquema são as estrofes 1 e 20, que se diferenciam a fim de se individualizarem como duas "pontas": o início e o fim tanto do poema quanto da existência do cassaco; a primeira, antecedendo a descrição do cassaco "*quando é criança*", trata da generalizante "*condição cassaco*", funcionando mais ou menos como a apresentação do retirante em *Morte e vida severina*; a segunda apresenta o cassaco "defunto e já no chão".

Está claro, portanto, que o caráter construtivo da poesia de João Cabral está muito além do simples artesanato da escrita. Com a restrição imposta pelo plano, o poeta cerceia sua liberdade enormemente, mas, em contrapartida, a estrutura do livro ganha uma extraordinária liberdade e o leitor passa a interagir com os diversos níveis construtivos, desde os mais simples e visíveis até aos mais complicados e sutis.

Quanto à construção de *Serial*, o próprio poeta tratou de explicá-la, por alto, em entrevista, afirmando que o livro é "construído sob o signo do número 4" e, ainda, que é "dividido em quatro partes sob qualquer ângulo que se olhe".[5] Mas o que o leitor logo perceberá é o uso de alguns artifícios para separar os quatro segmentos dos poemas — algarismo arábicos, asteriscos, algarismo romanos e travessões — que dão a ver os modos de abordagem dos objetos.[6] Assim, os quatro poemas cujas partes são divididas em algarismos arábicos têm em comum a exposição de um objeto que se modifica em quatro situações, ou de uma mesma qualidade verificada em quatro diferentes objetos. Os quatro poemas que apresentam suas partes divididas por asteriscos focalizam objetos ou situações cuja integridade se mantém, independentemente dos contextos ou dos pontos de vista sob os quais são analisados. A divisão marcada por algarismos romanos identifica quatro poemas em que os objetos permanecem estáticos, apenas movimentando-se "em torno deles" os olhares do poeta e do leitor. Os travessões aparecem nos quatro poemas em que atuam, em cada um, quatro personagens unidos por alguma característica (o trabalho ou o modo como trabalham), com exceção do primeiro, no qual uma única personagem — a sevilhana — passeia por quatro cidades da Espanha. Além de cada poema constituir-se como série — soma de quatro segmentos —, eles formam, por conseguinte, séries de quatro em quatro, apontando o tema e o tipo de abordagem.

É fundamental observar, então, que, do mesmo modo que o poeta criou uma "planta" especialmente para *Dois parlamentos*, o projeto de *Serial* também não foi reutilizado. Assim, no livro seguinte, o plano é outro.

A educação pela pedra é um livro que impressiona pela beleza de seus poemas e pelo apuro de sua construção. A utilização da série e do número 2 e seus múltiplos, especialmente o 4, são os princípios elementares do volume, que se divide em quatro séries de 12 poemas: (A), (a), (B), (b). Estas se articulam, no entanto, em dois pares (como sugere a repetição das letras). Assim, as duas primeiras somam 24 poemas, todos sobre motivos pernambucanos; simetricamente, as outras duas também formam um outro bloco/série de 24 poemas, voltados para temas diversos. Outras séries, porém, formam-se com a articulação das quatro (como sugere a continuidade "alfabética"): as partes (a) e (b) formam uma série de poemas compostos por 16 versos; em (A) e (B), o número aumenta para 24. Todos os 48 poemas apresentam duas estrofes, e, a partir desta característica, reforça-se a constituição serial: (a) e (b) — seis poemas com duas estrofes de oito versos, seis com uma estrofe de seis versos e uma de dez; (A) e (B) — seis poemas com duas estrofes de 12 versos, seis com uma estrofe de oito versos e uma de 16.

Este plano — ou "planta" — precedeu à criação dos poemas, que foram escritos não sob o impulso de seus diferentes momentos de criação, mas em conformidade com os formatos previamente definidos pelo poeta. Esse tal programa parece-nos, de fato, surpreendente, e é ainda mais notável a formação de uma série de 16 poemas que se articulam aos pares, cada qual apresentando uma reprogramação dos versos entre os textos. O reaproveitamento pode ser total ou parcial, com ou sem alterações de quadras ("O mar e o canavial"/"O canavial e o mar"; "Uma mineira em Brasília"/"Mesma mineira em Brasília"; "*The country of the houyhnhnms*"/ "*The country of the houyhnhnms (outra composição)*", "Comendadores jantando"/"Duas fases do jantar dos comendadores"); de dísticos ("Nas covas de Baza"/"Nas covas de Guadix", "Coisas de cabeceira, Recife"/ "Coisas de cabeceira, Sevilha", "A urbanização do regaço"/"O regaço urbanizado"); de quadra e dístico ("Bifurcados de habitar o tempo"/"Habitar o tempo"). Com a permuta de versos, tanto se mantém quanto se altera o sentido. Num extremo, estão pares como "Nas covas de Baza"/"Nas covas de Guadix" e "A urbanização do regaço"/"O regaço urbanizado", nos quais há um reaproveitamento dos versos na sua totalidade; noutro extremo, "Coisas de cabeceira, Recife"/"Coisas de cabeceira, Sevilha", em que os versos permutados são muito poucos (um dístico, com alterações formais, e dois versos).

O resultado final é um jogo de desarticulação/rearticulação dos poemas, concebidos não como estruturas estáticas ou blocos únicos e indevassáveis. Antes, assistimos à manipulação de estruturas abertas, articuláveis, transparentes, móveis, constituídas por versos que podem ser destacados e recolocados em outro lugar, compondo novos arranjos, com maior ou menor alteração de sentido. Cada poema do par é autônomo e, a um só tempo, dependente. A montagem das séries não programa sínteses ou hierarquias e, antes, pares e agrupamentos funcionam modularmente, em exercícios construtivos com os quais o poeta experimenta os limites extremos da ordem, sem romper jamais com a comunicação e o sentido.

Corte, excaixe, série e simetria não são apenas procedimentos restritos ao circuito do criador e da obra. Ou seja, não devem ser vistos como uma série de procedimentos matemáticos relevantes apenas para o criador. Recorrências de palavras, títulos, versos e demais estruturas apresentam-se aos olhos do leitor como artifícios de organização das formas, caracterizadas por um verdadeiro ritmo arquitetônico. Como sabemos, na arquitetura — moderna ou não — o ritmo tem a ver com a repetição regular de linhas, contornos, formas e cores. Assim, lajes e colunas (que se repetem para formar vãos estruturais e módulos espaciais recorrentes), bem como janelas e portas (para circulação de ar, luz etc) criam ritmos internamente e nas fachadas. O próprio João Cabral referiu à sua conhecida inaptidão para a música, confirmando sua tendência para a arquitetura a partir da questão do ritmo: "Eu não tenho ouvido musical para a melodia. Talvez tenha para o ritmo. O ritmo não é só musical, existe um ritmo sintático. Você, diante de uma obra de arquitetura, vê que ela tem um ritmo. Esse ritmo não é musical, porque a arquitetura é muda. Existe um ritmo visual, existe um ritmo intelectual, que é um ritmo sintático".[7]

Em *A educação pela pedra*, o leitor não encontrará o acúmulo mais ou menos casual que comumente se espera da lírica movida pelo pulso inconstante do sentimento e da inspiração. Longe disso, este livro — belo e emocionante — dá-nos uma poesia cuja sofisticação nasce da matemática, da geometria, da sujeição da sensibilidade ao projeto. Quanto à integração dos poemas em estruturas formais preexistentes, Cabral chegou a afirmar: "Antes faço o plano do livro, decido o número de poemas, o tamanho, os temas. Crio a forma. Depois encho."[8] Apesar das diferenças entre os princípios construtivos de cada livro, tanto em *Dois parlamentos* quanto em *Serial* e *A educação pela pedra*, os poemas são tratados como módulos, divididos em outros menores, como o dístico e a quadra, e rearticulados, estruturando-se, com isso, os próprios livros, também eles concebidos como blocos preexistentes.

Se cedêssemos à idéia de que os cálculos cabralinos não seriam, digamos, "necessários", teríamos que, antes de mais nada, considerar, sob tal hipótese, que seus versos e livros também não seriam o que são e que o próprio poeta seria um outro. Sendo o que era — ou ainda, obedecendo a seu projeto poético — Cabral tornou sua arbitrariedade perfeita e imprescindível. Sobretudo porque, anterior ao plano dos poemas, há uma empresa mais ampla: redefinir o papel do poeta e da poesia, da escrita e da leitura. Tais questões, no entanto, não se desenvolvem externamente aos textos: filosofia da arte, crítica literária, história das formas, intertextualidade, metalinguagem, tudo se cruza e se cristaliza em forma, no poema. O leitor, sem dúvida, tem papel fundamental nesse trabalho, devendo estar minimamente disposto a participar, a experimentar os livros e os poemas como se caminhasse por edifícios.

Com este volume em mãos, cada um terá a chance de fazer seus próprios roteiros e reconstruir, a seu modo, o que o poeta projetou. E, por fim, quanto a seu texto de abertura, o que parece bula é apenas homenagem ao belo.

Eucanaã Ferraz

* As notas do prefácio encontram-se na p.292.

QUADERNA
(1956-1959)

A Murilo Mendes

Estudos para uma bailadora andaluza

1

Dir-se-ia, quando aparece
dançando por *siguiriyas,*
que com a imagem do fogo
inteira se identifica.

Todos os gestos do fogo
que então possui dir-se-ia:
gestos das folhas do fogo,
de seu cabelo, sua língua;

gestos do corpo do fogo,
de sua carne em agonia,
carne de fogo, só nervos,
carne toda em carne viva.

Então, o caráter do fogo
nela também se adivinha:
mesmo gosto dos extremos,
de natureza faminta,

gosto de chegar ao fim
do que dele se aproxima,
gosto de chegar-se ao fim,
de atingir a própria cinza.

Porém a imagem do fogo
é num ponto desmentida:
que o fogo não é capaz
como ela é, nas *siguiriyas,*

de arrancar-se de si mesmo
numa primeira faísca,
nessa que, quando ela quer,
vem e acende-a fibra a fibra,

que somente ela é capaz
de acender-se estando fria,
de incendiar-se com nada,
de incendiar-se sozinha.

2

Subida ao dorso da dança
(vai carregada ou a carrega?)
é impossível se dizer
se é a cavaleira ou a égua.

Ela tem na sua dança
toda a energia retesa
e todo o nervo de quando
algum cavalo se encrespa.

Isto é: tanto a tensão
de quem vai montado em sela,
de quem monta um animal
e só a custo o debela,

como a tensão do animal
dominado sob a rédea,
que ressente ser mandado
e obedecendo protesta.

Então, como declarar
se ela é égua ou cavaleira:
há uma tal conformidade
entre o que é animal e é ela,

entre a parte que domina
e a parte que se rebela,
entre o que nela cavalga
e o que é cavalgado nela,

que o melhor será dizer
de ambas, cavaleira e égua,
que são de uma mesma coisa
e que um só nervo as inerva,

e que é impossível traçar
nenhuma linha fronteira
entre ela e a montaria:
ela é a égua e a cavaleira.

3

Quando está taconeando,
a cabeça, atenta, inclina,
como se buscasse ouvir
alguma voz indistinta.

Há nessa atenção curvada
muito de telegrafista,
atento para não perder
a mensagem transmitida.

Mas o que faz duvidar
possa ser telegrafia
aquelas respostas que
suas pernas pronunciam

é que a mensagem de quem
lá do outro lado da linha
ela responde tão séria
nos passa despercebida.

Mas depois já não há dúvida:
é mesmo telegrafia:
mesmo que não se perceba
a mensagem recebida,

se vem de um ponto no fundo
do tablado ou de sua vida,
se a linguagem do diálogo
é em código ou ostensiva,

já não cabe duvidar:
deve ser telegrafia:
basta escutar a dicção
tão morse e tão desflorida,

linear, numa só corda,
em ponto e traço, concisa,
a dicção em preto-e-branco
de sua perna polida.

4

Ela não pisa na terra
como quem a propicia
para que lhe seja leve
quando se enterre, num dia.

Ela a trata com a dura
e muscular energia
do camponês que cavando
sabe que a terra amacia.

Do camponês de quem tem
sotaque andaluz caipira
e o tornozelo robusto
que mais se planta que pisa.

Assim, em vez dessa ave
assexuada e mofina,
coisa a que parece sempre
aspirar a bailarina,

esta se quer uma árvore
firme na terra, nativa,
que não quer negar a terra
nem, como ave, fugi-la.

Árvore que estima a terra
de que se sabe família
e por isso trata a terra
com tanta dureza íntima.

Mais: que ao se saber da terra
não só na terra se afinca
pelos troncos dessas pernas
fortes, terrenas, maciças,

mas se orgulha de ser terra
e dela se reafirma,
batendo-a enquanto dança,
para vencer quem duvida.

5

Sua dança sempre acaba
igual que como começa,
tal esses livros de iguais
coberta e contracoberta:

com a mesma posição
como que talhada em pedra:
um momento está estátua,
desafiante, à espera.

Mas, se essas duas estátuas
mesma atitude observam,
aquilo que desafiam
parece coisas diversas.

A primeira das estátuas
que ela é, quando começa,
parece desafiar
alguma presença interna,

que no fundo dela própria,
fluindo, informe e sem regra,
por sua vez a desafia
a ver quem é que a modela.

Enquanto a estátua final,
por igual que ela pareça,
que ela é, quando um estilo
já impôs à íntima presa,

parece mais desafio
a quem está na assistência,
como para indagar quem
a mesma façanha tenta.

O livro de sua dança
capas iguais o encerram:
com a figura desafiante
de suas estátuas acesas.

6

Na sua dança se assiste
como ao processo da espiga:
verde, envolvida de palha;
madura, quase despida.

Parece que sua dança
ao ser dançada, à medida
que avança, a vai despojando
da folhagem que a vestia.

Não só da vegetação
de que ela dança vestida
(saias folhudas e crespas
do que no Brasil é chita),

mas também dessa outra flora
a que seus braços dão vida,
densa floresta de gestos
a que dão vida e agonia.

Na verdade, embora tudo
aquilo que ela leva em cima,
embora, de fato, sempre,
continue nela a vesti-la,

parece que vai perdendo
a opacidade que tinha
e, como a palha que seca,
vai aos poucos entreabrindo-a.

Ou então é que essa folhagem
vai ficando impercebida:
porque, terminada a dança,
embora a roupa persista,

a imagem que a memória
conservará em sua vista
é a espiga, nua e espigada,
rompente e esbelta, em espiga.

Cemitério alagoano
(Trapiche da Barra)

Sobre uma duna da praia
o curral de um cemitério,
que o mar todo o dia, todos,
sopra com vento anti-séptico.

Que o mar depois desinfeta
com água de mar, sanativa,
e depois, com areia seca,
ele enxuga e cauteriza.

O mar, que só preza a pedra,
que faz de coral suas árvores,
luta por curar os ossos
da doença de possuir carne,

e para curá-los da pouca
que de viver ainda lhes resta,
lavadeira de hospital,
o mar esfrega e reesfrega.

Paisagem pelo telefone

Sempre que no telefone
me falavas, eu diria
que falavas de uma sala
toda de luz invadida,

sala que pelas janelas,
duzentas, se oferecia
a alguma manhã de praia,
mais manhã porque marinha,

a alguma manhã de praia
no prumo do meio-dia,
meio-dia mineral
de uma praia nordestina,

Nordeste de Pernambuco,
onde as manhãs são mais limpas,
Pernambuco do Recife,
de Piedade, de Olinda,

sempre povoado de velas,
brancas, ao sol estendidas,
de jangadas, que são velas
mais brancas porque salinas,

que, como muros caiados
possuem luz intestina,
pois não é o sol quem as veste
e tampouco as ilumina,

mais bem, somente as desveste
de toda sombra ou neblina,
deixando que livres brilhem
os cristais que dentro tinham.

Pois, assim, no telefone
tua voz me parecia
como se de tal manhã
estivesses envolvida,

fresca e clara, como se
telefonasses despida,
ou, se vestida, somente
de roupa de banho, mínima,

e que por mínima, pouco
de tua luz própria tira,
e até mais, quando falavas
no telefone, eu diria

que estavas de todo nua,
só de teu banho vestida,
que é quando tu estás mais clara,
pois a água nada embacia,

sim, como o sol sobre a cal
seis estrofes mais acima,
a água clara não te acende:
libera a luz que já tinhas.

De um avião

A Afonso Arinos, Filho

1

Se vem por círculos na viagem
Pernambuco — Todos-os-Foras.
Se vem numa espiral
da coisa à sua memória.

O primeiro círculo é quando
o avião no campo do Ibura.
Quando tenso na pista
o salto ele calcula.

Está o Ibura onde coqueiros,
onde cajueiros, Guararapes.
Contudo já parece
em vitrine a paisagem.

O aeroporto onde o mar e mangues,
onde o mareiro e a maresia.
Mas ar condicionado,
mas enlatada brisa.

De Pernambuco, no aeroporto,
a vista já pouco recolhe.
É o mesmo, recoberto,

porém, de celulóide.

Nos aeroportos sempre as coisas
se distanciam ou celofane.
No do Ibura até mesmo
a água doída, o mangue.

Agora o avião (um saltador)
caminha sobre o trampolim,
Vai saltar-me de fora
para mais fora daqui.

No primeiro círculo, em terra
de Pernambuco já me estranho.
Já estou fora, aqui dentro
deste pássaro manso.

2

No segundo círculo, o avião
vai de gavião por sobre o campo.
A vista tenta dar
um último balanço.

A paisagem que bem conheço,
por tê-la vestido por dentro,
mostra, a pequena altura
coisas que ainda entendo.

Que reconheço na distância
de vidros lúcidos, ainda:
eis o incêndio de ocre

que à tarde queima Olinda;

eis todos os verdes do verde,
submarinos, sobremarinos:
dos dois lados da praia
estendem-se indistintos;

eis os arrabaldes, dispostos
numa constelação casual;
eis o mar debruado
pela renda de sal;

e eis o Recife, sol de todo
o sistema solar da planície:
daqui é uma estrela
ou uma aranha, o Recife,

se estrela, que estende seus dedos,
se aranha, que estende sua teia:
que estende sua cidade
por entre a lama negra.

(Já a distância sobre seus vidros
passou outra mão de verniz:
ainda enxergo o homem,
não mais sua cicatriz.)

3

O avião agora mais alto
se eleva ao círculo terceiro,
folha de papel de seda

velando agora o texto.

Uma paisagem mais serena,
mais estruturada, se avista:
todas, de um avião,
são de mapa ou cubistas.

A paisagem, ainda a mesma,
parece agora noutra língua:
numa língua mais culta,
sem vozes de cozinha.

Para língua mais diplomática
a paisagem foi traduzida:
onde as casas são brancas
e o branco, fresca tinta;

onde as estradas são geométricas
e a terra não precisa limpa
e é maternal o vulto
obeso das usinas;

onde a água morta do alagado
passa a chamar-se de marema
e nada tem da gosma,
morna e carnal, de lesma.

Se daqui se visse seu homem,
homem mesmo pareceria:
mas ele é o primeiro
que a distância eneblina

para não corromper, decerto,
o texto sempre mais idílico
que o avião dá a ler
de um a outro círculo.

4

Num círculo ainda mais alto
o avião aponta pelo mar.
Cresce a distância com
seguidas capas de ar.

Primeiro, a distância se põe
a fazer mais simples as linhas;
os recifes e a praia
com régua pura risca.

A cidade toda é quadrada
em paginação de jornal,
e os rios, em corretos
meandros de metal.

Depois, a distância suprime
por completo todas as linhas;
restam somente cores
justapostas sem fímbria:

o amarelo da cana verde,
o vermelho do ocre amarelo,
verde do mar azul,
roxo do chão vermelho.

Até que num círculo mais alto
essas mesmas cores reduz:
à sua chama interna,
comum, à sua luz,

que nas cores de Pernambuco
é uma chama lavada e alegre,
tão viva que de longe
sua ponta ainda fere,

até que enfim todas as cores
das coisas que são Pernambuco
fundem-se todas nessa
luz de diamante puro.

5

Penetra por fim o avião
pelos círculos derradeiros.
A ponta do diamante
perdeu-se por inteiro.

Até mesmo a luz do diamante
findou cegando-se no longe.
Sua ponta já rombuda
tanto chumbo não rompe.

Tanto chumbo como o que cobre
todas as coisas aqui fora.
Já agora Pernambuco
é o que coube à memória.

Já para encontrar Pernambuco
o melhor é fechar os olhos
e buscar na lembrança
o diamante ilusório.

É buscar aquele diamante
em que o vi se cristalizar,
que rompeu a distância
com dureza solar;

refazer aquele diamante
que vi apurar-se cá de cima,
que de lama e de sol
compôs luz incisiva;

desfazer aquele diamante
a partir do que o fez por último,
de fora para dentro,
da casca para o fundo,

até aquilo que, por primeiro
se apagar, ficou mais oculto:
o homem, que é o núcleo
do núcleo de seu núcleo.

Cemitério paraibano
(Entre Flores e Princesa)

Uma casa é o cemitério
dos mortos deste lugar.
A casa só, sem puxada,
e casa de um só andar.

E da casa só o recinto
entre a taipa lateral.
Nunca se usou o jardim;
muito menos, o quintal.

E casa pequena: própria
menos a hotel que a pensão:
pois os inquilinos cabem
no cemitério saguão,

os poucos que, por aqui,
recusaram o privilégio
de cemitérios cidades
em cidades cemitérios.

História natural

1

O amor de passagem,
o amor acidental,
se dá entre dois corpos
no plano do animal,

quando são mais sensíveis
à atração pelo sal,
têm o dom de mover-se
e saltar o curral.

O encontro realizado,
juntados em casal,
eis que vão assumindo
o cerimonial

que agora é já difícil
definir-se de qual:
se ainda do semovente
ou já do vegetal

(pois os gestos revelam
o ritmo luminal
de planta, que se move
mas no mesmo local).

No fim, já não se sabe
se ainda é vegetal
ou se a planta se fez
formação mineral

à força de querer
permanecer tal qual,
na permanência aguda
que é própria do cristal,

que não só pode ser
o imóvel mais cabal,
mas que ao estar imóvel
está aceso e atual.

2

Depois vem o regresso:
sobem do mineral
para voltar à tona
do reino habitual.

Vem o desintegrar-se
dessa pedra ou metal
em que antes se soldara
o duplo vegetal.

Vem o difícil des-
emaranhar-se mal,
desabraçar-se lento
dessa planta dual

que enquanto embaraçada
lembrava um cipoal
(no de parecer uma
sendo mesmo plural).

Vem o desabraçar-se
sem querer, gradual,
de plantas que não querem
subir ao animal,

certo por compreender
que o bicho inicial
a que agora regressam
(já vão no vegetal),

certo por compreender
que o bicho original
a que já regressaram
desliados, afinal,

não mais se encontrarão
no palheiro ou areal
multimultiplicado
de qualquer capital.

Paisagens com cupim

1

O Recife cai sobre o mar
sem dele se contaminar.
O Recife cai em cidade,
cai contra o mar, contra: em laje.

Cai como um prato de metal
sobre outro prato de metal
sabe cair: limpo e exato
e sem contágio: em só contato.

Cai como cidade que caia
vertical e reta, sem praia.
Cai em cais de cimento, em porto,
em ilhas de aresta e contorno.

O Recife cai na água isento.
Bem calafetado o cimento:
ao dente da ostra, ou sua raiz,
aos bichos do mar, seus cupins.

2

Olinda não usa cimento.
Usa um tijolo farelento.
Mesmo com tanta geometria,
Olinda é já de alvenaria.

Vista de longe (tantos cubos)
ela anuncia um perfil duro.
Porém de perto seus sobrados
revelam esse fio gasto

da madeira muito roçada,
das paredes muito caiadas,
de ancas redondas, usuais
nas casas velhas e animais.

Porque Olinda, uma Olinda baixa,
se mistura com o mar na praia:
que é por onde se vão infiltrar
em seu corpo os cupins do mar.

3

Os arrabaldes do Recife
não opõem os mesmos diques
contra o rio que em horas é
o mar disfarçado em maré.

Lá o mar entra fundo no rio
e em passos de rio, corredios,
derrama-se em todos os tanques
por onde a salmoura dos mangues.

O mar por lá vai de água parda
de rio, e de boca calada.
É água de mar, também salobra.
Só que sonolenta e mais gorda.

E lá no que se infiltra, quando,
o mar não rói: corrompe inchando.
Não traz cupins de fome enxuta.
Traz úmidos bichos de fruta.

4

As vilas entre coqueirais
(as muitas Itamaracás)
mais que as corrói o tal cupim:
ele mesmo as modela assim.

São aldeias leves de palha,
plantadas raso sobre a praia
com os escavados materiais
que o cupim trabalha e o mar traz.

São menos da terra que da onda:
têm as cavernas das esponjas,
das pedras-pomes, das madeiras
que o mar abandona na areia.

Menos da terra que do mar:
dos cupins que ele faz medrar
e dão a tudo a carne leve
que o mar quer nas coisas que leve.

5

As cidades do canavial,
escava-as um cupim igual.
Ou outra espécie de cupim,
já que o mar cai longe dali.

Igaraçu, Sirinhaém,
o Cabo, Ipojuca e também
Muribeca, Rio Formoso:
há algo comido em seu estofo.

E outras ainda mais de dentro:
Nazaré, Aliança, São Lourenço:
imitam no estilo, no jeito,
casas de cupim, cupinzeiros.

Cidades também em colinas,
do mesmo tijolo de Olinda,
também minadas por marés,
(ora de cana) pelos pés.

6

A paisagem do canavial
não encerra quase metal.
Tudo parece encorajar
o cupim, de cana ou de mar.

Não só as cidades, outras coisas:
os engenhos com suas moitas
e até mesmo os ferros mais pobres
das moendas e tachas de cobre.

Tudo carrega o seu caruncho.
Tudo: desde o vivo ao defunto.
Da embaúba das capoeiras
à economia canavieira.

Em tudo pára o ar de abandono
de meia-morte ou pleno-sono,
e esse deixar-se imovelmente
próprio da planta e do demente.

7

No canavial tudo se gasta
pelo miolo, não pela casca.
Nada ali se gasta de fora,
qual coisa que em coisa se choca.

Tudo se gasta mas de dentro:
o cupim entra os poros, lento,
e por mil túneis, mil canais,
as coisas desfia e desfaz.

Por fora o manchado reboco
vai-se afrouxando, mais poroso,
enquanto desfaz-se, intestina,
o que era parede em farinha.

E se não se gasta com choques,
mas de dentro, tampouco explode.
Tudo ali sofre a morte mansa
do que não quebra, se desmancha.

8

No canavial, antiga Mata,
a vida está toda bichada.
Bichada em coisas pouco densas,
coisas sem peso, pela doença.

Bichada até a carne rala
da bucha e do pau-de-jangada.
Até a natureza puída,
porém inchada, da cortiça.

Eis o cupim fazendo a vez
do mestre-de-obras português:
finge robustez na matéria
carcomida pela miséria.

Eis os pais de nosso barroco,
de ventre solene mas oco
e gesto pomposo e redondo
na véspera mesma do escombro.

9

Certas cidades de entre a cana
(Escada, Jaboatão, Goiana)
procuraram se armar com aço
contra a vocação de bagaço.

Mas o aço tomado deu mal:
não se fecharam ao canavial
e somente em bairros pequenos
seu barro salvou-se em cimento.

E nelas (como nas usinas,
que de aço também se vacinam,
nas quais só a custo a ferragem
vive, azul, nos meses de moagem)

a cana latifúndia em volta,
com os cupins que ela cria e solta,
penetra ainda fundo: combate-as
até a soleira das fábricas.

10

O Recife, só, chegou a cristal
em toda a Mata e Litoral:
o Recife e a máquina sadia
que bate em Moreno e Paulista.

Essas existem matemáticas
no alumínio de suas fábricas.
Essas têm a carne limpa,
embora feia, em série, fria.

O cupim não lhes dá combate:
nelas motores vivos batem
que sabem que enquanto funcionem
nenhuma ferrugem os come.

Mas nem na Mata ou Litoral
há mais desse aço industrial
para opor-se ao cupim, ao podre
que o mar canavial traz, ou fosse.

Cemitério pernambucano
(Floresta do Navio)

Antes de se ver Floresta
se vê uma Constantinopla
complicada com barroco,
gótico e cenário de ópera.

É o cemitério. E esse estuque
tão retórico e florido
é o estilo doutor, do gosto
do orador e do político,

de um político orador
que, em vez de frases, com tumbas
quis compor esta oração
toda em palavras esdrúxulas,

esdrúxula, na folha plana
do Sertão, onde, desnuda,
a vida não ora, fala,
e com palavras agudas.

Litoral de Pernambuco

O mar se estende pela terra
em ondas ondas que se revezam
e se vão desdobrando até
ondas secas de outras marés:

as da areia, que mais adiante
se vão desdobrando nos mangues,
que se desdobram (quase palha)
num capim-lucas, de limalha,

que se desdobra em canaviais,
desdobrados sempre em outros mais,
e desdobrando ainda mais longe
o campo raso do horizonte,

como se tudo fosse o mar
em mais ondas a desdobrar
a mesma natureza rente
de um verde ácido e higiene:

tudo debaixo do alumínio
de um sol de cima e nordestino,
sem que nada, ou coisa, interponha
o domingo de alguma sombra,

tudo sob um céu mineral
que preside em pedra, imparcial,
e que devassa tudo ali:
mesmo os grotões onde parir.

A mulher e a casa

Tua sedução é menos
de mulher do que de casa:
pois vem de como é por dentro
ou por detrás da fachada.

Mesmo quando ela possui
tua plácida elegância,
esse teu reboco claro,
riso franco de varandas,

uma casa não é nunca
só para ser contemplada;
melhor: somente por dentro
é possível contemplá-la.

Seduz pelo que é dentro,
ou será, quando se abra;
pelo que pode ser dentro
de suas paredes fechadas;

pelo que dentro fizeram
com seus vazios, com o nada;
pelos espaços de dentro,
não pelo que dentro guarda;

pelos espaços de dentro:
seus recintos, suas áreas,
organizando-se dentro
em corredores e salas,

os quais, sugerindo ao homem
estâncias aconchegadas,
paredes bem revestidas
ou recessos bons de cavas,

exercem sobre esse homem
efeito igual ao que causas:
a vontade de corrê-la
por dentro, de visitá-la.

O motorneiro de Caxangá

IDA

Na estrada de Caxangá
todo dia passa o sol,
fugindo de seu nascente
porque o chamam arrebol.

A estrada de Caxangá
é sua pista de aviador:
é a pista que o sol percorre
antes de levantar vôo.

A pista de Caxangá
o próprio sol a traçou,
na substância verde e branda
dos engenhos de redor.

VOLTA

Mas a estrada não pertence
só ao sol aviador.
É também porto de mar
do Sertão do interior.

Possui hotéis para burros,
hospitais para motor,
cemitérios para bondes,
fábricas para o suor.

Mais tudo o que deve haver
num bom porto de vapor:
armazéns, contrabandistas,
fortalezas, guarda-mor.

IDA

Na estrada de Caxangá
tudo passa ou já passou:
o presente e o passado
e o passado anterior;

os engenhos de outros tempos,
de que só o nome ficou;
os sítios de casas mansas,
que agonizam sem rancor;

os quintais de sombra doce
com frutas do mesmo teor,
onde hoje carrocerias
aguardam seus urubus.

VOLTA

Mas na estrada de Caxangá
nada de vez já passou:
o verde das canas sobra
nos campos de futebol

e ainda nas oficinas
poças do antigo frescor
dos quintais sobram nas úmidas
manchas de óleo de motor:

que a estrada é também a cauda
por onde, ainda em vigor,
o Recife arrasta as coisas
que do centro eliminou.

IDA

Na estrada de Caxangá,
depois que a inaugura o sol,
pares os mais estranhos
todo o dia passam por;

pares como o da raposa
casada com o rouxinol
ou o dos bondes circulando
por entre carros de boi;

caminhões entre galinhas
calam ferralha e furor
e sempre se vê um vaqueiro
olhando um jogo de *golf.*

VOLTA

Mas na estrada de Caxangá
nem tudo tem tal teor;
por ela passa também
uma gente mais sem cor:

retirantes (sempre a pé)
tirados de todo suor;
imigrantes (de automóvel)
suando, porém de calor;

namorados que passeiam
amadurecendo o amor;
gente que não a passeia,
passa-a, simples corredor.

Ida

A estrada de Caxangá
é também trilhos do sol
(que nem sempre tem o sol
urgências de aviador):

de cada lado dos quais
um trem de taipa parou,
um trem de casas que lembram
vagões, sem tirar nem pôr;

um trem de casas-vagões
cada uma com sua cor
e levando nas janelas
latas por jarros de flor.

Volta

Mas o trem de casas-vagões
passa ou é passado por?
como poder distinguir
do passado o passador?

se na estrada tudo passa
e nada de vez passou?
como saber se é a gente
ou as casas-trem o andador?

ou, quem sabe? a própria estrada
rolando com um propulsor?
(pois dela sobe incessante
e subterrâneo rumor).

Cemitério pernambucano
(Custódia)

É mais prático enterrar-se
em covas feitas no chão:
ao sol daqui, mais que covas,
são fornos de cremação.

Ao sol daqui, as covas logo
se transformam nas caieiras
onde enterrar certas coisas
para, queimando-as, fazê-las:

assim, o tijolo ainda cru,
as pedras que dão a cal
ou a capoeira raquítica
que dá o carvão vegetal.

Só que nas covas caieiras
nenhuma coisa é apurada:
tudo se perde na terra,
em forma de alma, ou de nada.

A palavra seda

A atmosfera que te envolve
atinge tais atmosferas
que transforma muitas coisas
que te concernem, ou cercam.

E, como as coisas, palavras
impossíveis de poema:
exemplo, a palavra ouro,
e até este poema, seda.

É certo que tua pessoa
não faz dormir, mas desperta;
nem é sedante, palavra
derivada da de seda.

E é certo que a superfície
de tua pessoa externa,
de tua pele e de tudo
isso que em ti se tateia,

nada tem da superfície
luxuosa, falsa, acadêmica,
de uma superfície quando
se diz que ela é "como seda".

Mas em ti, em algum ponto,
talvez fora de ti mesma,
talvez mesmo no ambiente
que retesas quando chegas,

há algo de muscular,
de animal, carnal, pantera,
de felino, da substância
felina, ou sua maneira,

de animal, de animalmente,
de cru, de cruel, de crueza,
que sob a palavra gasta
persiste na coisa seda.

A palo seco

A R. Santos Torroella

1.1. Se diz *a palo seco*
o *cante* sem guitarra;
o *cante* sem; o *cante*;
o *cante* sem mais nada;

se diz *a palo seco*
a esse *cante* despido:
ao *cante* que se canta
sob o silêncio a pino.

1.2. O *cante a palo seco*
é o *cante* mais só:
é cantar num deserto
devassado de sol;

é o mesmo que cantar
num deserto sem sombra,
em que a voz só dispõe
do que ela mesma ponha.

1.3. O *cante a palo seco*
é um *cante* desarmado:
só a lâmina da voz

sem a arma do braço;

que o *cante a palo seco*
sem tempero ou ajuda
tem de abrir o silêncio
com sua chama nua.

1.4. O *cante a palo seco*
não é um *cante* a esmo:
exige ser cantado
com todo o ser aberto;

é um *cante* que exige
o ser-se ao meio-dia,
que é quando a sombra foge
e não medra a magia.

2.1. O silêncio é um metal
de epiderme gelada,
sempre incapaz das ondas
imediatas da água;

a pele do silêncio
pouca coisa arrepia:
o *cante a palo seco*
de diamante precisa.

2.2. Ou o silêncio é pesado,
é um líquido denso,
que jamais colabora
nem ajuda com ecos;

mais bem, esmaga o *cante*
e afoga-o, se indefeso:
a palo seco é um *cante*
submarino ao silêncio.

2.3. Ou o silêncio é levíssimo,
é líquido sutil
que se coa nas frestas
que no *cante* sentiu;

o silêncio paciente
vagaroso se infiltra,
apodrecendo o *cante*
de dentro, pela espinha.

2.4. Ou o silêncio é uma tela
que difícil se rasga
e que quando se rasga
não demora rasgada;

quando a voz cessa, a tela
se apressa em se emendar:
tela que fosse de água,
ou como tela de ar.

3.1. *A palo seco* é o *cante*
de todos mais lacônico,
mesmo quando pareça
estirar-se um quilômetro:

enfrentar o silêncio
assim despido e pouco
tem de forçosamente
deixar mais curto o fôlego.

3.2. *A palo seco* é o *cante*
de grito mais extremo:
tem de subir mais alto
que onde sobe o silêncio;

é cantar contra a queda,
é um *cante* para cima,
em que se há de subir
cortando, e contra a fibra.

3.3. *A palo seco* é o *cante*
de caminhar mais lento:
por ser a contrapelo,
por ser a contravento;

é *cante* que caminha
com passo paciente:
o vento do silêncio
tem a fibra de dente.

3.4. *A palo seco* é o *cante*
que mostra mais soberba;
e que não se oferece:
que se toma ou se deixa;

cante que não se enfeita,
que tanto se lhe dá;
é *cante* que não canta,
cante que aí está.

4.1. *A palo seco* canta
o pássaro sem bosque,
por exemplo: pousado
sobre um fio de cobre;

a palo seco canta
ainda melhor esse fio
quando sem qualquer pássaro
dá o seu assovio.

4.2. *A palo seco* cantam
a bigorna e o martelo,
o ferro sobre a pedra,
o ferro contra o ferro;

a palo seco canta
aquele outro ferreiro:
o pássaro araponga
que inventa o próprio ferro.

4.3. *A palo seco* existem
situações e objetos:
Graciliano Ramos,
desenho de arquiteto,

as paredes caiadas,
a elegância dos pregos,
a cidade de Córdoba,
o arame dos insetos.

4.4. Eis uns poucos exemplos
de ser *a palo seco,*
dos quais se retirar
higiene ou conselho:

não o de aceitar o seco
por resignadamente,
mas de empregar o seco
porque é mais contundente.

Rio e/ou poço

Quando tu, na vertical,
te ergues, de pé em ti mesma,
é possível descrever-te
com a água da correnteza;

tens a alegria infantil,
popular, passarinheira,
de um riacho horizontal
(e embora de pé estejas).

Mas quando na horizontal,
em certas horas, te deixas,
que é quando, por fora, mais
as águas correntes lembras,

mas quando à tua extensão,
como se rio, te entregas,
quando te deitas em rio
que se deita sobre a terra,

então, se é da água corrente,
por longa, tua aparência,
somente a água de um poço
expressa tua natureza;

só uma água vertical
pode, de alguma maneira,
ser a imagem do que és
quando horizontal e queda.

Só uma água vertical,
água parada em si mesma,
água vertical de poço,
água toda em profundeza,

água em si mesma, parada,
e que ao parar mais se adensa,
água densa de água, como
de alma tua alma está densa.

Sevilha

1

A cidade mais bem cortada
que vi, Sevilha;
cidade que veste o homem
sob medida.

Justa ao tamanho do corpo
ela se adapta,
branda e sem quinas, roupa
bem recortada.

Cortada só para um homem,
não todo o humano;
só para o homem pequeno
que é o sevilhano.

Que ao sevilhano Sevilha
tão bem se abraça
que é como se fosse roupa
cortada em malha.

2

Ao corpo do sevilhano
toda se ajusta
e ao raio de ação do corpo,
ou sua aventura.

Nem com os gestos do corpo
nunca interfere,
qual roupa ou cidade que é
cortada em série.

Sempre à medida do corpo
pequeno ou pouco:
ao teto baixo do míope,
aos pés do coxo.

Nunca tem panos sobrando
nem bairros longe;
sempre ao alcance do pé
que não tem bonde.

3

O sevilhano usa Sevilha
com intimidade,
como se só fosse a casa
que ele habitasse.

Com intimidade ele usa
ruas e praças;
com intimidade de quarto
mais que de casa.

Com intimidade de roupa
mais que de quarto;
com intimidade de camisa
mais que casaco.

E mais que intimidade,
até com amor,
como um corpo que se usa
pelo interior.

4

O modelo não é indicado
é a nenhum nórdico:
lhe ficará muito curto
e ele incômodo.

Ele ficará tão ridículo
como um automóvel,
dos que ali, elefânticos,
tesos, se movem,

nas ruas que o sevilhano
fez para si mesmo,
pequenas e íntimas para
seu aconchego,

sevilhano em quem se encontra
ainda o gosto
de ter a vida à medida
do próprio corpo.

Poema(s) da cabra

(Nas margens do Mediterrâneo
não se vê um palmo de terra
que a terra tivesse esquecido
de fazer converter em pedra.

Nas margens do Mediterrâneo
não se vê um palmo de pedra
que a pedra tivesse esquecido
de ocupar com sua fera.

Ali, onde nenhuma linha
pode lembrar, porque mais doce,
o que até chega a parecer
suave serra de uma foice,

não se vê um palmo de terra,
por mais pedra ou fera que seja,
que a cabra não tenha ocupado
com sua planta fibrosa e negra.)

1

A cabra é negra. Mas seu negro
não é o negro do ébano douto
(que é quase azul) ou o negro rico
do jacarandá (mais bem roxo).

O negro da cabra é o negro
do preto, do pobre, do pouco.
Negro da poeira, que é cinzento.
Negro da ferrugem, que é fosco.

Negro do feio, às vezes branco.
Ou o negro do pardo, que é pardo.
Disso que não chega a ter cor
ou perdeu toda cor no gasto.

É o negro da segunda classe.
Do inferior (que é sempre opaco).
Disso que não pode ter cor
porque em negro sai *mais barato.*

2

Se o negro quer dizer noturno,
o negro da cabra é solar.
Não é o da cabra o negro noite.
É o negro de sol. Luminar.

Será o negro do queimado
mais que o negro da escuridão.
Negra é do sol que acumulou.
É o negro mais bem do carvão.

Não é o negro do macabro.
Negro funeral. Nem do luto.
Tampouco é o negro do mistério,
de braços cruzados, eunuco.

É mesmo o negro do carvão.
O negro da hulha. Do coque.
Negro que pode haver na pólvora:
negro de vida, não de morte.

3

O negro da cabra é o negro
da natureza dela cabra.
Mesmo dessa que não é negra,
como a do Moxotó, que é clara.

O negro é o duro que há no fundo
da cabra. De seu natural.
Tal no fundo da terra há pedra,
no fundo da pedra, metal.

O negro é o duro que há no fundo
da natureza sem orvalho
que é a da cabra, esse animal
sem folhas, só raiz e talo,

que é a da cabra, esse animal
de alma-caroço, de alma córnea,
sem moelas, úmidos, lábios,
pão sem miolo, *apenas côdea.*

4

Quem já encontrou uma cabra
que tivesse ritmos domésticos?
O grosso derrame do porco,
da vaca, de sono e de tédio?

Quem encontrou cabra que fosse
animal de sociedade?
Tal o cão, o gato, o cavalo,
diletos do homem e da arte?

A cabra guarda todo o arisco,
rebelde, do animal selvagem,
viva demais que é para ser
animal dos de luxo ou pajem.

Viva demais para não ser,
quando colaboracionista,
o reduzido irredutível,
o *inconformado conformista.*

5

A cabra é o melhor instrumento
de verrumar a terra magra.
Por dentro da serra e da seca
nada chega onde chega a cabra.

Se a serra é terra, a cabra é pedra.
Se a serra é pedra, é pedernal.
Sua boca é sempre mais dura
que a serra, não importa qual.

A cabra tem o dente frio,
a insolência do que mastiga.
Por isso o homem vive da cabra
mas sempre a vê como inimiga.

Por isso quem vive da cabra
e não é capaz do seu braço
desconfia sempre da cabra:
diz que tem *parte com o Diabo.*

6

Não é pelo vício da pedra,
por preferir a pedra à folha.
É que a cabra é expulsa do verde,
trancada do lado de fora.

A cabra é trancada por dentro.
Condenada à caatinga seca.
Liberta, no vasto sem nada,
proibida, na verdura estreita.

Leva no pescoço uma canga
que a impede de furar as cercas.
Leva os muros do próprio cárcere:
prisioneira e carcereira.

Liberdade de fome e sede
da ambulante prisioneira.
Não é que ela busque o difícil:
é que a sabem *capaz de pedra.*

7

A vida da cabra não deixa
lazer para ser fina ou lírica
(tal o urubu, que em doces linhas
voa à procura da carniça).

Vive a cabra contra a pendente,
sem os êxtases das descidas.
Viver para a cabra não é
re-ruminar-se introspectiva.

É, literalmente, cavar
a vida sob a superfície,
que a cabra, proibida de folhas,
tem de desentranhar raízes.

Eis por que é a cabra grosseira,
de mãos ásperas, realista.
Eis por que, mesmo ruminando,
não é *jamais contemplativa.*

8

Um núcleo de cabra é visível
por debaixo de muitas coisas.
Com a natureza da cabra
outras aprendem sua crosta.

Um núcleo de cabra é visível
em certos atributos roucos
que têm as coisas obrigadas
a fazer de seu corpo couro.

A fazer de seu couro sola,
a armar-se em couraças, escamas:
como se dá com certas coisas
e muitas condições humanas.

Os jumentos são animais
que muito aprenderam da cabra.
O nordestino, convivendo-a,
fez-se de sua *mesma casta.*

9

O núcleo da cabra é visível
debaixo do homem do Nordeste.
Da cabra lhe vem o escarpado
e o estofo nervudo que o enche.

Se adivinha o núcleo de cabra
no jeito de existir, Cardozo,
que reponta sob seu gesto
como esqueleto sob o corpo.

E é outra ossatura mais forte
que o esqueleto comum, de todos;
debaixo do próprio esqueleto,
no fundo centro de seus ossos.

A cabra deu ao nordestino
esse esqueleto mais de dentro:
o aço do osso, que resiste
quando o osso perde seu cimento.

•

(O Mediterrâneo é mar clássico,
com águas de mármore azul.
Em nada me lembra das águas
sem marca do rio Pajeú.

As ondas do Mediterrâneo
estão no mármore traçadas.
Nos rios do Sertão, se existe,
a água corre despenteada.

As margens do Mediterrâneo
parecem deserto balcão.
Deserto, mas de terras nobres
não da piçarra do Sertão.

Mas não minto o Mediterrâneo
nem sua atmosfera maior
descrevendo-lhe as cabras negras
em termos das do Moxotó.)

Imitação da água

De flanco sobre o lençol,
paisagem já tão marinha,
a uma onda deitada,
na praia, te parecias.

Uma onda que parava,
ou melhor: que se continha;
que contivesse um momento
seu rumor de folhas líquidas.

Uma onda que parava
naquela hora precisa
em que a pálpebra da onda
cai sobre a própria pupila.

Uma onda que parara
ao dobrar-se, interrompida,
que imóvel se interrompesse
no alto de sua crista

e se fizesse montanha
(por horizontal e fixa),
mas que ao se fazer montanha
continuasse água ainda.

Uma onda que guardasse
na praia cama, finita,
a natureza sem fim
do mar de que participa,

e em sua imobilidade,
que precária se adivinha,
o dom de se derramar
que as águas faz femininas

mais o clima de águas fundas,
a intimidade sombria
e certo abraçar completo
que dos líquidos copias.

Mulher vestida de gaiola

Parece que vives sempre
de uma gaiola envolvida,
isenta, numa gaiola,
de uma gaiola vestida,

de uma gaiola, cortada
em tua exata medida
numa matéria isolante:
gaiola-blusa ou camisa.

E, assim como tu resides
nessa gaiola, cingida,
o vasto espaço que sobra
de tua gaiola-ilha

é como outra gaiola
igual que o mar: sem medida
e aberto em todos os lados
(menos no que te limita).

Pois nessa gaiola externa
onde tudo tem cabida,
onde cabe Pernambuco
e o resto da geografia,

três bilhões de humanidade
e até canaviais de usina,
sei que se debate um pássaro
que a acha pequena ainda.

Tal gaiola para ele
mais do que gaiola é brida;
como cárcere lhe aperta
sua gaiola infinita

e lhe aperta exatamente
por essa parede mínima
em que sua gaiola-mundo
com a tua faz divisa.

Contra essa curta parede
entre ti e ele contígua,
que te defende e para ele
é de força, se é camisa,

todo o dia se debate
a sua força expansiva
(não de pássaro, de enchente,
de enchente do mar de Olinda).

Por que ele a quem sua gaiola
de outros lados não limita
deseja invadir o espaço
de nada que tu lhe tiras?

Por que deseja assaltar
precisamente a área estrita
da gaiola em que resides,
melhor: de que estás vestida?

Jogos frutais

De fruta é tua textura
e assim concreta;
textura densa que a luz
não atravessa.

Sem transparência:
não de água clara, porém
de mel, intensa.

Intensa é tua textura
porém não cega;
sim de coisa que tem luz
própria, interna.

E tens idêntica
carnação de mel de cana
e luz morena.

Luminosos cristais
possuis internos
iguais aos do ar que o verão
usa em setembro.

E há em tua pele
o sol das frutas que o verão
traz no Nordeste.

É de fruta do Nordeste
tua epiderme;
mesma carnação dourada,
solar e alegre.

Frutas crescidas
no Recife relavado
de suas brisas.

Das frutas do Recife,
de sua família,
tens a madeira tirante,
muito mais rica.

E o mesmo duro
motor animal que pulsa
igual que um pulso.

De fruta pernambucana
tens o animal,
frutas quase animais
e carne carnal.

Também aquelas
de mais certa medida,
melhor receita.

O teu encanto está
em tua medida,
de fruta pernambucana,
sempre concisa.

E teu segredo
em que por mais justo tens
corpo mais tenso.

Tens de uma fruta aquele
tamanho justo;
não de todas, de fruta
de Pernambuco.

Mangas, mangabas
do Recife, que sabe
mais desenhá-las.

És um fruto medido,
bem desenhado;
diverso em tudo da jaca,
do jenipapo.

Não és aquosa
nem fruta que se derrama
vaga e sem forma.

Estás desenhada a lápis
de ponta fina,
tal como a cana-de-açúcar,
que é pura linha.

E emerge exata
da múltipla confusão
da própria palha.

És tão elegante quanto
um pé de cana,
despindo a perna nua
de dentre a palha.

E tens a perna
do mesmo metal sadio
da cana esbelta.

O mesmo metal da cana
tersa e brunida
possuis, e também do oiti,
que é pura fibra.

Porém profunda
tanta fibra desfaz-se
mucosa e úmida.

Da pitomba possuis
a qualidade
mucosa, quando secreta,
de tua carne.

Também do ingá,
de musgo fresco ao dente
e ao polegar.

Não és uma fruta fruta
só para o dente,
nem és uma fruta flor,
olor somente.

Fruta completa:
para todos os sentidos,
para cama e mesa.

És uma fruta múltipla,
mas simples, lógica;
nada tens de metafísica
ou metafórica.

Não és O Fruto
e nem para A Semente
te vejo muito.

Não te vejo em semente,
futura e grávida;
tampouco em vitamina,
em castas drágeas.

Em ti apenas
vejo o que se saboreia,
não o que alimenta.

Fruta que se saboreia,
não que alimenta:
assim descrevo melhor
a tua urgência.

Urgência aquela
de fruta que nos convida
a fundir-nos nela.

Tens a aparência fácil,
convidativa,
de fruta de muito açúcar,
que dá formiga.

E tens o apelo
da sapota e do sapoti,
que dão morcego.

De fruta é a atração
que tens, a mesma;
que tens de fruta atração
reta e indefesa.

Sempre tão forte
na carne e espádua despida
da fruta jovem.

És fruta de carne jovem
e de alma alacre,
diversa do oiti-coró,
porque picante.

E, tamarindo,
deixas em quem te conhece
dentes mais finos.

És fruta de carne ácida,
de carne e de alma;
diversa da do mamão,
triste, estagnada.

É do nervoso
cajá que tens o sabor
e o nervo-exposto.

És fruta de carne acesa,
sempre em agraz,
como araçás, guabirabas,
maracujás.

Também mangaba,
deixas em quem te conhece
visgo, borracha.

Não és fruta que o tempo
ou copo de água
lava de nossa boca
como se nada.

Jamais pitanga,
que lava a língua e a sede
de todo estanca.

Aumentas a sede como
fruta madura
que começa a corromper-se
no seu açúcar.

Ácida e verde:
contudo, a quem te conhece
só dás mais sede.

Ácida e verde, porém
já anuncias
o açúcar maduro que
terás um dia.

E vem teu charme
do leve sabor de podre
na jovem carne.

Ao gosto limpo do caju,
de praia e sol,
juntas o da manga mórbida,
sombra e langor.

Sabes a ambas
em teus contrastes de fruta
pernambucana.

Sem dúvida, és mesmo fruta
pernambucana:
a graviola, a mangaba
e certas mangas.

De tanto açúcar
que ainda verdes parecem
já estar corruptas.

És assim fruta verde
e nem tão verde,
e é assim que te vejo
de há muito e sempre.

E bem se entende
que uns te digam podre e outros
te digam verde.

DOIS PARLAMENTOS (1958-1960)

A Yedda
e Augusto Frederico Schmidt

Congresso no Polígono das Secas
(ritmo senador; sotaque sulista)

1

— Cemitérios gerais
onde não só estão os mortos.
— Eles são muito mais completos
do que todos os outros.
— Que não são só depósito
da vida que recebem, morta.
— Mas cemitérios que produzem
e nem mortos importam.
— Eles mesmos transformam
a matéria-prima que têm.
— Trabalham-na em todas as fases,
do campo aos armazéns.
— Cemitérios autárquicos,
se bastando em todas as fases.
— São eles mesmos que produzem
os defuntos que jazem.

5

— Cemitérios gerais
onde não é possível que se ache
o que é de todo cemitério:
os mármores em arte.

— Nem mesmo podem ser
inspiração para os artistas,
estes cemitérios sem vida,
frios, de estatística.
— Se muito, podem ser
tema para as artes retóricas,
que os celebram porém do Sul,
longe da tumba toda.
— Isto é, para a retórica
de câmara (câmara política)
que se exercita humanizando
estes mortos de cifra.

9

— Cemitérios gerais
onde não se guardam os mortos
ao alcance da mão, ao pé,
à beira de seu dono.
— Neles não há gavetas
em que, ao alcance do corpo,
se capitalizam os resíduos
possíveis de um morto.
— A todos os defuntos
logo o Sertão desapropria,
pois não quer defuntos privados
o Sertão coletivista.
— E assim não reconhece
o direito a túmulos estanques,
mas socializa seus defuntos
numa só tumba grande.

13

— Cemitérios gerais
onde não cabe fazer cercas.
— Nenhum revezo caberia
o que dentro devera.
— Onde o morto não é,
só, o homem morto, o defunto.
— De mortos muito mais gerais,
bichos, plantas, tudo.
— De mortos tão gerais
que não se pode apartação.
— O jeito é mesmo consagrar
cemitério a região.
— Assim, há cemitério
que a tudo aqui morto comporte.
— Consagrar tudo um cemitério
é tudo o que se pode.

2

— Nestes cemitérios gerais
não há a morte excesso.
— Ela não dá ao morto
maior volume nem mais peso.
— A morte aqui não é bagagem
nem excesso de carga.
— Aqui, ela é o vazio
que faz com que se murche a saca.
— Que esvazia mais uma saca
aliás nunca plena.
— Ela esvazia o morto,

a morte aqui jamais o emprenha.
— A morte aqui não indigesta,
mais bem, é morte azia.
— É o que come por dentro
o invólucro que nada envolvia.

6

— Nestes cemitérios gerais
não há a morte gosto,
táctil, sensorial,
com aura, ar de banho morno.
— Certo bafo que banha os vivos
em volta da banheira,
dentro da qual o morto
banha na sua auréola espessa.
— A morte aqui é ao ar livre,
seca, sem o ressaibo
natural noutras mortes
e no sabor de Rilke ou de cravo.
— Ela não é nunca a presença
travosa de um defunto,
sim morte escancarada,
sem mistério, sem nada fundo.

10

— Nestes cemitérios gerais
não há morte isolada,
mas a morte por ondas
para certas classes convocadas.
— Nunca ela vem para um só morto,

mas sempre para a classe,
assim como o serviço
nas circunscrições militares.
— Há classes numerosas, como
a de Setenta-e-sete,
mas sempre cada ano
o recrutamento se repete.
— E grande ou não, a nova classe,
designada pelo ano,
segue para a milícia
de onde ninguém se viu voltando.

14

— Nestes cemitérios gerais
não há morte pessoal.
— Nenhum morto se viu
com modelo seu, especial.
— Vão todos com a morte padrão,
em série fabricada.
— Morte que não se escolhe
e aqui é fornecida de graça.
— Que acaba sempre por se impor
sobre a que já medrasse.
— Vence a que, mais pessoal,
alguém já trouxesse na carne.
— Mas afinal tem suas vantagens
esta morte em série.
— Faz defuntos funcionais,
próprios a uma terra sem vermes.

3

— Nestes cemitérios gerais
os mortos não variam nada.
— É como se morrendo
nascessem de uma raça.
— Todos estes mortos parece
que são irmãos, é o mesmo porte.
— Se não da mesma mãe,
irmãos da mesma morte.
— E mais ainda: que irmãos gêmeos,
do molde igual do mesmo ovário.
— Concebidos durante
a mesma seca-parto.
— Todos filhos da morte-mãe,
ou mãe-morte, que é mais exato.
— De qualquer forma, todos
gêmeos, e mortinatos.

7

— Nestes cemitérios gerais
os mortos não têm o alinho
de vestir-se a rigor
ou mesmo de domingo.
— Os mortos daqui vão despidos
e não só da roupa correta,
mas de todas as outras,
mínimas, etiquetas.
— Daquelas poucas que se exigem
para se entrar em tal serão,
mortalha, para todos,

e rede, aos sem caixão.
— Por isso é que sobram de fora,
sem entrar nos salões da terra,
entre pedras, gravetos,
no sereno da festa.

11

— Nestes cemitérios gerais
os mortos não têm esse ar
pisado, que uma dor
deixa atrás, ao passar.
— Ou o ar inteligente, irônico,
que muitos têm, de ter descoberto
o que só eles vêem
e não dizem, discretos.
— Eis um defunto nada humano,
que nem lembra um homem, se o foi,
e no qual nada mostra
se a morte doeu, ou dói.
— Se lembra algo, lembra é as pedras,
essas de ar não inteligente,
as pedras que não lembram
nada de bicho ou gente.

15

— Nestes cemitérios gerais
os mortos não mostram surpresa.
— A morte para eles
foi coisa rotineira.
— Nenhum tem o ar de ter morrido

em instantâneo ou guilhotina.
— Porém de um sono lento
que adorme, não fulmina.
— Em nenhum deles há as posturas
desses que morrem sob protesto.
— É sempre a mesma pose,
sem nenhum grito, gesto.
— Entre eles, gestos de eloqüência
não se vêem nunca, quando a morte.
— Todos morrem em prosa,
como foram, ou dormem.

4

— Cemitérios gerais
que não exibem restos.
— Tão sem ossos que até parece
que cachorros passaram perto.
— De mortos restam só
pouquíssimos sinais.
— Muito menos do que se espera
com a propaganda que se faz.
— Como que os cemitérios
roem seus próprios mortos.
— É como se, como um cachorro,
após roer, cobrissem os ossos.
— Eis por que eles são
para o turista um logro.
— Se pensa: não pensei que a morte
houvesse desfeito tão poucos.

8

— Cemitérios gerais
que os restos não largam
até que os tenham trabalhado
com sua parcial matemática.
— E terem dividido
o resto pelo nada,
e então restado do que resta
a pouca coisa que restava.
— Aqui, toda aritmética
dá o resultado nada,
pois dividir e subtrair
são as operações empregadas,
— E quando alguma coisa
é aqui multiplicada
será sempre para elevar
o resto à potência do nada.

12

— Cemitérios gerais
que dos restos não cuidam
nem fazem prorrogar a vida
ainda nos mortos, porventura.
— E cujos restos são
de defuntos defuntos,
por falta de folhas, formigas,
para prolongar seu circuito.
— Nem conhecem a fase,
prima, da podridão,
em que os defuntos se projetam,

quando nada, em exalação.
— Só restos minerais,
infecundos, calcários,
se encontram nestes cemitérios,
menos cemitérios que ossários.

16

— Cemitérios gerais
que não toleram restos.
— Nem mesmo um pouco que se possa
encomendar ao céu ou ao inferno.
— Eles, todos os restos
da mesma forma tratam.
— Talvez porque os mortos que têm
não tenham tal resíduo, a alma.
— Talvez porque esta tem
consistência mais rala.
— E seja no ar fácil sorvida
como uma gota em outra de água.
— Não há é por que usar,
aqui, a imagem da água.
— Melhor dizer: como uma gota
de nada em outra de nada.

Festa na Casa-Grande
(ritmo deputado; sotaque nordestino)

1

— O cassaco de engenho,
o cassaco de usina;
— O cassaco é um só
com diferente rima.
— O cassaco de engenho
bangüê ou fornecedor:
— A condição cassaco
é o denominador.
— O cassaco de engenho
de qualquer Pernambuco:
— Dizendo-se cassaco
se terá dito tudo.
— Seja qual for seu nome,
seu trabalho, seu soldo:
— Dizendo-se cassaco
se terá dito todos.

6

— O cassaco de engenho
quando é criança:
— Parece cruzamento
de caniço com cana.

— O cassaco de engenho
criança é mais caniço:
— Puxa mais bem ao pai
porque não é maciço.
— O cassaco de engenho
quando é criança:
— Não só puxa ao caniço,
puxa também à cana.
— Mas à cana de soca,
repetida e sem força:
— A cana fim de raça,
de quarta ou quinta folha.

11

— O cassaco de engenho
quando é mulher:
— É um saco vazio,
mas que se tem de pé.
— O cassaco de engenho
mulher é como um saco:
— De açúcar, mas sem ter
açúcar ensacado.
— O cassaco de engenho
quando é mulher:
— Não é um saco capaz
de conservar, conter.
— É um saco como feito
para se derramar:
— De outros que não se sabe
como se fazem lá.

16

— O cassaco de engenho
quando é um velho:
— Somente por acaso
ele alcança esse teto.
— O cassaco de engenho
velho nem é acaso:
— É que um cassaco novo
apressou-se no prazo.
— O cassaco de engenho
quando é um velho:
— Então, chegado aí,
se apressa em esqueleto.
— Se apressa a descarnar
como taipa em ruína:
— E como ele é de taipa
seu esqueleto é faxina.

2

— O cassaco de engenho
de longe é como gente:
— De perto é que se vê
o que há de diferente.
— O cassaco de engenho,
de perto, ao olho esperto:
— Em tudo é como homem,
só que de menos preço.
— Não há nada de homem
que não tenha, em detalhe,
e tudo por inteiro,
nada pela metade.

— É igual, mas apesar,
parece recortado
com a tesoura cega
de alfaiate barato.

7

— O cassaco de engenho
de longe é de osso e carne:
— De perto é que se vê
que de outra qualidade.
— O cassaco de engenho
se se chega a tocá-lo:
— É outra a consistência
de seu corpo, é mais ralo.
— Tem a textura bruta
e ao mesmo tempo frouxa,
menos que algodãozinho,
sim própria das estopas.
— E dos panos puídos
chegados ao estado
em que, no português,
pano passa a ser trapo.

12

— O cassaco de engenho
de longe é o mesmo barro:
— De perto é que se vê
que o dele foi mais baço.
— O cassaco de engenho
é opaco e mortiço:

— Nunca aprende com os aços
de uma usina, seu brilho.
— Nem com o brilho mais cego
do cobre que ele vê
nas tachas em que mexe
nos engenhos bangüê.
— Sequer aprende o brilho
do cabo das enxadas
que ele enverniza em seco
com a lixa da mão áspera.

17

— O cassaco de engenho
de longe é branco ou negro:
— De perto é que se vê
que é amarelo mesmo.
— O cassaco de engenho
é amarelo sempre:
— Mas do amarelo inchado
que é verde levemente.
— Desse verde amarelo
em que o azul não entra
e que não fosse nele
se diria doença.
— Um verde especial,
espécie de auriverde,
só dele, branco ou negro,
de receita só dele.

3

— O cassaco de engenho
quando está dormindo:
— Se vê que é incapaz
de sonhos privativos.
— Nele não há esse ar
distante ou distraído
de quem detrás das pálpebras
um filme está assistindo.
— Detrás de suas pálpebras
haverá apenas treva
e decerto nenhum
sonho ali se projeta.
— O cassaco de engenho
dorme em sala deserta:
— A nenhum sonho-filme
assiste, nem tem tela.

8

— O cassaco de engenho
quando não está dormindo:
— É como se seu sono
ainda o encharcasse, limo.
— Quando não está dormindo
não é que está acordado,
é apenas que caminha
onde o sono é mais raso.
— Não tem como evitar
que o marasmo o embeba
e o impeça de subir
à consciência seca.

— O cassaco de engenho
nunca acorda de todo:
— Anda sempre nos pântanos
do sono, por seu lodo.

13

— O cassaco de engenho
quando no trabalho:
— Tudo com que trabalha
lhe parece pesado.
— É como se seu sangue,
que entretanto é mais ralo,
lhe pesasse no corpo,
espesso como caldo.
— Como o caldo de cana
já muito cozinhado
e que vai-se espessando
no gesto do melaço.
— O cassaco de engenho
tem o ritmo pesado:
— O do gesto do mel
deixando o último tacho.

18

— O cassaco de engenho
quando não trabalha:
— As coisas continuam
sendo-lhe bem pesadas.
— Por sua pouca roupa
está sempre esmagado

e pesa-lhe no pé
inexistente sapato.
— Pesa-lhe a mão que leva
e se não leva nada,
e pesa-lhe igualmente
se se move ou parada.
— Ao cassaco de engenho
pesa o ar que respira:
— E até mesmo lhe pesa
o chão sobre que pisa.

4

— O cassaco de engenho
faz amarelamente
toda coisa que toca
tocando-a, simplesmente.
É o contrário do barro
das casas-de-purgar
que se bota no açúcar
a fim de o branquear.
— O cassaco de engenho
purga tudo ao contrário:
— Como o barro, se infiltra,
mas deixa tudo barro.
— Limpa tudo do limpo
e deixa em tudo nódoa:
— A que há em sua camisa,
em sua vida, no que toca.

9

— O cassaco de engenho
vai amarelamente
entre todo esse azul
que é Pernambuco sempre.
— Mesmo contra o amarelo
da palha canavial,
ainda é mais amarelo
o seu, porque moral.
— O cassaco de engenho
é o amarelo tipo:
— É amarelo de corpo
e de estado de espírito.
— De onde a calma que às vezes
parece sabedoria:
— Mas não é calma, nada,
é o nada, é calmaria.

14

— O cassaco de engenho
é amarelamente
mesmo no mundo em cor
que bebe na aguardente.
— Primeiro, a aguardente
lhe dá um certo azul
e, esquecido o amarelo,
ele quer ir-se ao Sul.
— Ao cassaco de engenho
depois o azul é roxo:
— Já em vez de ir-se ao Sul
deseja é ir-se morto.

— Por fim, inevitável,
volta a vida amarela:
— No amargor amarelo
da ressaca que o espera.

19

— O cassaco de engenho
vê amarelamente
todo o rosa-Brasil
que ele habita e não sente.
— Para ele, a água do rio
não é azul mas barro,
e as nuvens, aniagem,
pardas, de pano saco.
— Ao cassaco de engenho
nunca a terra é de vargem:
— E o dia mostra sempre
desbotada folhagem.
— E outra é a morte que vem
retratar seu trespasse:
— Não usa pano preto,
cobre-se, sim, de cáqui.

5

— O cassaco de engenho
quando doente-com-febre:
— Não de febre amarela
mas da de sezões, verde.
— Por fora, se se toca
no seu corpo de gente:

— Se pensa que a caldeira
dele afinal se acende.
— Contudo se se toca
esse corpo por dentro:
— Se vê que, se é caldeira,
nem tem assentamento.
— Que se é engenho, é
de fogo frio ou morto:
— Engenho que não mói,
que só fornece aos outros.

10

— O cassaco de engenho
quando vai morrendo:
— Então seu amarelo
se ilumina por dentro.
— Adquire a transparência
própria ao cristal anêmico:
— Aquela de que a cera
dá o melhor exemplo.
— Adquire a transparência
própria de qualquer vela:
— Da mesma em cuja ponta
plantam a chama que o vela.
— A dele, então, é igual
à carne dessa vela:
— E a chama se pergunta
por que não a acendem nela.

15

— O cassaco de engenho
quando o carregam, morto:
— É um caixão vazio
metido dentro de outro.
— É morte de vazio
a que carrega dentro:
— E, como é de vazio,
ei-lo que não tem dentros.
— Do caixão alugado
nem chega a ser miolo:
— Pois como ele é vazio,
se muito, será forro.
— O enterro do cassaco
é o enterro de um coco:
— Uns poucos envoltórios
em volta do centro oco.

20

— O cassaco de engenho
defunto e já no chão:
— Para rápido acabá-lo
tudo faz mutirão.
— O massapê, piçarra,
e a Mata faz Sertão.
— E o sol, para ajudar,
se é inverno faz verão.
— Para roer os ossos
os vermes viram cão:
— E outra vez vermes, vendo
o giz que os ossos são.

— E o vento canavial
dá também sua demão:
— Varre-lhe os gases da alma,
levando-a (lavando), são.

SERIAL
(1959-1961)

A José Lins do Rêgo

A cana dos outros

1

Esse que andando *planta*
os rebolos de cana
nada é do Semeador
que se sonetizou.

É o seu menos um gesto
de amor que de comércio;
e a cana, como a joga,
não planta: joga fora.

2

Leva o eito o compasso,
na *limpa,* contra o mato,
bronco e alheadamente
de quem faz e não entende.

De quem não entendesse
por que só é mato este;
por que limpar do mato,
não da cana, limpá-lo.

3

Num *cortador* de cana
o que se vê é a sanha
de quem derruba um bosque:
não o amor de quem colhe.

Sanha fúria, inimiga,
feroz, de quem mutila,
de quem, sem mais cuidado,
abre trilha no mato.

4

A gente funerária
que cuida da finada
nem veste seus despojos:
ata-a em feixes de ossos.

E quando o enterro chega,
coveiro sem maneiras
tomba-a na *tumba-moenda*:
tumba viva, que a prensa.

O automobilista infundioso

Viajar pela *Provença*
é ir do timo à alfazema;
ir da lavanda à mostarda
como de uma a outra comarca.

É viajar nos cheiros castos,
ainda vegetais, em mato:
do casto normal de planta,
do sadio, de criança.

Cheiros-comarca, ao ar livre,
antes de que Grasse ou Nice
os misturem no óleo grosso
que lhes dá sabor de corpo.

Comarcas-cheiro, onde o carro
corre familiarizado:
onde a brisa e a gasolina
se confundem na alma limpa.

•

Após léguas de *Sertão*
só o carro vai resvalão,
pois a alma que ele carrega
se arrasta por paus e pedras.

Ela vai qual se a ralasse
a lixa R da paisagem;
ou qual se em corpo, despida,
varasse a caatinga urtiga;

ou se estivesse seu corpo,
como uma casaca-de-couro,
dentro de um ninho farpado,
feito de espinhos e talos;

ou fosse ela este carro
que, em vez de lubrificado,
rolasse com as juntas secas:
ou azeitadas com areia.

•

Qualquer campo da *Inglaterra,*
ainda em dia cru, sem névoa,
mostra o aspecto algodoento
de uma névoa todo-o-tempo.

A névoa-sempre algodoa
o espaço de coisa a coisa;
embota nelas as quinas,
o duro e o claro, o que é linha.

E além do aspecto: o contato
também se faz algodoado:
algodão na certa é a hera
que abraça sem roer a pedra;

e as estradas e este carro
percorrem-se em tom tão baixo
que as rodas na certa vão
(e são) por sobre algodão.

•

Quem vai de carro em *La Mancha*
recebe impressão estranha:
a de que ele vai rolando
na água aberta do oceano.

A Mancha é tão larga, à roda,
que ele não divisa costas;
tão chã, que se sentirá
entre horizontes de mar.

Assim, a haste no horizonte
é o mastro de um barco longe
e é a agulha de uma igreja
de um povoado que chega.

Que chega: mas quem a quem?
quem chega? quem vai ou vem?
Sente-se chegar no carro
e chegar a vila ou barco.

Escritos com o corpo

§

Ela tem tal composição
e bem entramada sintaxe
que só se pode apreendê-la
em conjunto: nunca em detalhe.

Não se vê nenhum termo, nela,
em que a atenção mais se retarde,
e que, por mais significante,
possua, exclusivo, sua chave.

Nem é possível dividi-la,
como a uma sentença, em partes;
menos, do que nela é sentido,
se conseguir uma paráfrase.

E assim como, apenas completa,
ela é capaz de revelar-se,
apenas um corpo completo
tem, de apreendê-la, faculdade.

Apenas um corpo completo
e sem dividir-se em análise
será capaz do corpo-a-corpo
necessário a quem, sem desfalque,

queira prender todos os temas
que pode haver no corpo frase:
que ela, ainda sem se decompor,
revela então, em intensidade.

§

De longe como Mondrians
em reproduções de revista,
ela só mostra a indiferente
perfeição da geometria.

Porém de perto, o original
do que era antes correção fria,
sem que a câmara da distância
e suas lentes interfiram,

porém de perto, ao olho perto,
sem intermediárias retinas,
de perto, quando o olho é tato,
ao olho imediato em cima,

se descobre que existe nela
certa insuspeitada energia
que aparece nos Mondrians
se vistos na pintura viva.

E que porém de um Mondrian
num ponto se diferencia:
em que nela essa vibração,
que era de longe impercebida,

pode abrir mão da cor acesa
sem que um Mondrian não vibra,
e vibrar com a textura em branco
da pele, ou da tela, sadia.

§

Quando vestido unicamente
com a macieza nua dela,
não apenas sente despido:
sim, de uma forma mais completa.

Então, de fato, está despido,
senão dessa roupa que é ela.
Mas essa roupa nunca veste:
despe de uma outra mais interna.

É que o corpo quando se veste
de ela roupa, da seda ela,
nunca sente mais definido
como com as roupas de regra.

Sente ainda mais que despido:
pois a pele dele, secreta,
logo se esgarça, e eis que ele assume
a pele dela, que ela empresta.

Mas também a pele emprestada
dura bem pouco enquanto véstia:
com pouco, ela toda, também,
já se esgarça, se desespessa,

até acabar por nada ter
nem de epiderme nem de seda:
e tudo acabe confundido,
nudez comum, sem mais fronteira.

§

Está, hoje que não está,
numa memória mais de fora.
De fora: como se estivesse
num tipo externo de memória.

Numa memória para o corpo,
externa ao corpo, como bolsa:
que, como bolsa, a certos gestos
o corpo que a leva abalroa.

Memória exterior ao corpo
e não da que de dentro aflora;
e que, feita que é para o corpo,
carrega presenças corpóreas.

Pois nessa memória é que ela,
inesperada, se incorpora:
na presença, coisa, volume,
imediata ao corpo, sólida,

e que ora é volume maciço,
entre os braços, neles envolta,
e que ora é volume vazio,
que envolve o corpo, ou o acoita:

como o de uma coisa maciça
que ao mesmo tempo fosse oca,
que o corpo teve, onde já esteve,
e onde o ter e o estar igual fora.

O sim contra o sim

Marianne Moore, em vez de lápis,
emprega quando escreve
instrumento cortante:
bisturi, simples canivete.

Ela aprendeu que o lado claro
das coisas é o anverso
e por isso as disseca:
para ler textos mais corretos.

Com mão direta ela as penetra,
com lápis bisturi,
e com eles compõe,
de volta, o verso cicatriz.

E porque é limpa a cicatriz,
econômica, reta,
mais que o cirurgião
se admira a lâmina que opera.

•

Francis Ponge, outro cirurgião,
adota uma outra técnica:
gira-as nos dedos, gira
ao redor das coisas que opera.

Apalpa-as com todos os dez
mil dedos da linguagem:
não tem bisturi reto,
mas um que se ramificasse.

Com ele envolve tanto a coisa
que quase a enovela
e quase, a enovelando,
se perde, enovelado nela.

E no instante em que até parece
que já não a penetra,
ele entra sem cortar:
saltou por descuidada fresta.

•

Miró sentia a mão direita
demasiado sábia
e que de saber tanto
já não podia inventar nada.

Quis então que desaprendesse
o muito que aprendera,
a fim de reencontrar
a linha ainda fresca da esquerda.

Pois que ela não pôde, ele pôs-se
a desenhar com esta
até que, se operando,
no braço direito ele a enxerta.

A esquerda (se não se é canhoto)
é mão sem habilidade:
reaprende a cada linha,
cada instante, a recomeçar-se.

Mondrian, também, da mão direita
andava desgostado;
não por ser ela sábia:
porque, sendo sábia, era fácil.

Assim, não a trocou de braço:
queria-a mais honesta
e por isso enxertou
outras mais sábias dentro dela.

Fez-se enxertar réguas, esquadros
e outros utensílios
para obrigar a mão
a abandonar todo improviso.

Assim foi que ele, à mão direita,
impôs tal disciplina:
fazer o que sabia
como se o aprendesse ainda.

•

A Felix de Athayde

Cesário Verde usava a tinta
de forma singular:
não para colorir,
apesar da cor que nele há.

Talvez que nem usasse tinta,
somente água clara,
aquela água de vidro
que se vê percorrer a Arcádia.

Certo, não escrevia com ela,
ou escrevia lavando:
relavava, enxaguava
seu mundo em sábado de banho.

Assim chegou aos tons opostos
das maçãs que contou:
rubras dentro da cesta
de quem no rosto as tem sem cor.

Augusto dos Anjos não tinha
dessa tinta água clara.
Se água, do Paraíba
nordestino, que ignora a Fábula.

Tais águas não são lavadeiras,
deixam tudo encardido:
o vermelho das chitas
ou o reluzente dos estilos.

E quando usadas como tinta
escrevem negro tudo:
dão um mundo velado
por véus de lama, véus de luto.

Donde decerto o timbre fúnebre,
dureza da pisada,
geometria de enterro
de sua poesia enfileirada.

•

A Aloisio Magalhães

Juan Gris levava uma luneta
por debaixo do olho:
uma lente de alcance
que usava porém do lado outro.

As lentes foram construídas
para aproximar as coisas,
mas a dele as recuava
à altura de um avião que voa.

Na lente avião, sobrevoava
o ateliê, a mesa,
organizando as frutas
irreconciliáveis na fruteira.

Da lente avião é que podia
pintar sua natureza:
com o azul da distância
que a faz mais simples e coesa.

Jean Dubuffet, se usa luneta,
é do lado correto;
mas não com o fim vulgar
com que se utiliza o aparelho.

Não intenta aproximar o longe
mas o que está próximo,
fazendo com a luneta
o que se faz com o microscópio.

E quando aproximou o próximo
até tato fazê-lo,
faz dela estetoscópio
e apalpa tudo com o olhar dedo.

Com essa luneta feita dedo
procede à auscultação
das peles mais inertes:
que depois pinta em ebulição.

Pernambucano em Málaga

§

A cana doce de Málaga
dá domada, em cão ou gata:
deixam-na perto, sem medo,
quase vai dentro das casas.

É cana que nunca morde,
nem quando vê-se atacada:
não leva pulgas no pêlo
nem, entre as folhas, navalha.

§

A cana doce de Málaga
dá escorrida e cabisbaixa:
naquele porte enfezado
de crianças abandonadas.

As folhas dela já nascem
murchas de cor, como a palha:
ou a farda murcha dos órfãos,
desde novas, desbotadas.

§

A cana doce de Málaga
não é mar, embora em praias:
dá sempre em pequenas poças,
restos de uma onda recuada.

Em poças, não tem do mar
a pulsação dele, nata:
sim, o torpor surdo e lasso
que se vê na água estagnada.

§

A cana doce de Málaga
dá dócil, disciplinada:
dá em fundos de quintal
e podia dar em jarras.

Falta-lhe é a força da nossa,
criada solta em ruas, praças:
solta, à vontade do corpo,
nas praças das grandes várzeas.

O ovo de galinha

§

Ao olho mostra a integridade
de uma coisa num bloco, um ovo.
Numa só matéria, unitária,
maciçamente ovo, num todo.

Sem possuir um dentro e um fora,
tal como as pedras, sem miolo:
e só miolo: o dentro e o fora
integralmente no contorno.

No entanto, se ao olho se mostra
unânime em si mesmo, um ovo,
a mão que o sopesa descobre
que nele há algo suspeitoso:

que seu peso não é o das pedras,
inanimado, frio, goro;
que o seu é um peso morno, túmido,
um peso que é vivo e não morto.

§

O ovo revela o acabamento
a toda mão que o acaricia
daquelas coisas torneadas
num trabalho de toda a vida.

E que se encontra também noutras
que entretanto mão não fabrica:
nos corais, nos seixos rolados
e em tantas coisas esculpidas,

cujas formas simples são obra
de mil inacabáveis lixas
usadas por mãos escultoras
escondidas na água, na brisa.

No entretanto, o ovo, e apesar
da pura forma concluída,
não se situa no final:
está no ponto de partida.

§

A presença de qualquer ovo,
até se a mão não lhe faz nada,
possui o dom de provocar
certa reserva em qualquer sala.

O que é difícil de entender
se se pensa na forma clara
que tem um ovo, e na franqueza
de sua parede caiada.

A reserva que um ovo inspira
é de espécie bastante rara:
é a que se sente ante um revólver
e não se sente ante uma bala.

É a que se sente ante essas coisas
que conservando outras guardadas
ameaçam mais com disparar
do que com a coisa que disparam.

§

Na manipulação de um ovo
um ritual sempre se observa:
há um jeito recolhido e meio
religioso em quem o leva.

Se pode pretender que o jeito
de quem qualquer ovo carrega
vem da atenção normal de quem
conduz uma coisa repleta.

O ovo porém está fechado
em sua arquitetura hermética
e quem o carrega, sabendo-o,
prossegue na atitude regra:

procede ainda da maneira
entre medrosa e circunspecta,
quase beata, de quem tem
nas mãos a chama de uma vela.

Claros varones

O administrador José Ferreira
vestia a mais branca limpeza:
rara, naquele meio
de bagaceira e eito.

Ainda hoje, de roupa branca
chega na porta da lembrança:
e o branco do brim forte
outros traços dissolve.

Tanto encandeia a roupa branca
que nem deixa ver a alma mansa,
que passa a simples peça
de roupa branca, interna.

Ele era crente (ou nova-seita):
sua casa servia de igreja,
ou templo (mais correto)
aos engenhos de perto.

De lá, muitas noites, chegavam
cantos compridos como os da água,
horizontais, sonâmbulos,
como o rio e seu canto.

E se pensava: os novas-seitas,
em coro, feito as lavadeiras,
lá estão na água de canto,
alma e roupa lavando.

•

Quando Antônio de Siá Teresa
vinha embaixo, na bagaceira,
se viu uma coisa rara:
a pé, mas de gravata.

Viera a pé, e não a cavalo.
Andava a pé, mas de sapato.
A pé, pela rodagem,
e em roupas de cidade.

Viera em visita, de Moreno,
e foi entrando casa adentro.
E outra maior surpresa:
ter comido na mesa.

Tratava a todos por fulano,
costume estranho, tanto quanto
ser oposicionista
conversando política.

Difícil situá-lo direito
ouvindo que era funileiro;
menos, com as palavras
operário-de-fábrica.

Era difícil compreendê-lo:
homem entre homem e os do eito:
de gravata, sapato,
mas a pé, qual cassaco.

•

Semanas, Severino Borges
vivia estreito qual num pote.
Num pote por estreito:
porque, se pote, seco.

Só quando vinha um pastoril
rompia o pote que o vestiu.
E romperia um dique,
dado que era a atrizes.

Dava-se então noites seguidas,
e literalmente, às artistas.
E se dava: primeiro
jogando-se em dinheiro.

Depois, quando o jogara todo,
dava-se nas roupas do corpo,
jogando-as, peça a peça,
querendo ir numa delas.

Vendo que tudo o que jogara
não o pôde levar de embrulhada,
nu, dá-se sem queixa
à polícia que o leva.

Vai triste, e ninguém nunca sabe
se por saber dar, mas, não, dar-se,
ou por não ser livre
de poder repartir-se.

•

Onde João Prudêncio dormia
nunca pôde acordá-lo o dia.
Não por horror ao leito,
mas por passarinheiro.

Na várzea do Tapacurá
viveu revoando sem cessar,
só pousando no engenho
que o precisasse menos.

Ninguém armou uma arapuca
para engaiolar a sua fuga,
nem pôde enfileirá-lo
num eito funcionário.

E, de corpo, mais passarinho:
no madeiramento franzino,
maneiro e quase oco,
leve, de pele e osso.

E passarinho ainda: no gesto
de estar temendo algo por perto
e no costume lírico
de se falar sozinho.

Qual passarinho, velho, o acharam
morto na vala de uma estrada:
caído em pleno vôo
de Muribara ao Poço.

Generaciones y semblanzas

Há gente para quem
tanto faz dentro e fora
e por isso procura
viver fora de portas.

E em contra existe gente,
mais rara, em boa hora,
que se mostra por dentro
e se esconde por fora:

dela é o poeta-hortelão
que se tranca na horta
para cuidar melhor
sua literária flora;

a flora, geralmente,
que se costuma agora
e que reclama estufas
íntimas, de alma mórbida.

Porém nesse hortelão
há uma coisa curiosa:
quando maior cuidado
tem de fechar as portas,

tem ele de entreabrir
vidraças para fora.
É a fim de que os legumes
de sua profunda roça

(os tomates sensíveis,
as alfaces barrocas,
couves meditabundas,
sentimentais cenouras),

legumes madurados
ao sol de sua sombra,
seus íntimos legumes
possuam boa montra.

•

Há gente que se aquece
por dentro, e há em troca
pessoas que preferem
aquecer-se por fora.

Porém nos parlamentos
se assiste a certa forma
difícil de distinguir
por onde é que labora:

a desses que usam sempre
expressão estentórica,
como se não houvesse
outros tons na retórica.

A olho nu, dir-se-ia
que é por dentro, não fora:
que os aquece uma oculta
caldeira fisiológica.

No entanto, se se atenta
no que dizem se nota
que seus discursos sempre
versam temas que os tocam

(e que os tocam de dentro:
a saber, suas cólicas,
sua grandeza por tê-las
e a grandeza de todas),

e que ao discursar parece
que escutam mais do que oram:
têm o ar de quem escuta,
por debaixo da própria,

a voz de um outro, amável,
que aconchega, conforta,
que por fora os aquece
como capa ou estola.

•

Há gente que se gasta
de dentro para fora.
E há gente que prefere
gastar-se no que choca:

nesta pertence aquela
sempre vertiginosa
que parece habitar
num corpo sobre rodas;

gente que não consegue
parar nenhuma hora
e que assim se aproveita
de toda sua corda

para andar se atirando
contra as coisas em volta,
talvez com a esperança
que uma seja pistola.

Talvez, é por prezar
o mundo em que se mova
(a espessura tranqüila
de uma coisa que pousa,

a mansidão da coisa
que aceita virar outra)
que essa gente se atira
aos trancos entre as coisas.

Não: é porque ouviriam,
se parassem uma hora,
a voz da alma vazia
dobrando dentro, morta,

a voz que dobra em muitos
mas que neles redobra,
porque dentro de crânios
vaziíssimos, de abóbada.

•

Há gente que se infiltra
dentro de outra, e aí mora,
vivendo do que filtra,
sem voltar para fora.

E passa uma outra gente
que se infiltra e retorna,
vivendo com o de dentro
que subtraiu, na volta.

É coisa complicada
dizer, pelas manobras,
o parasita simples
e o de alma insidiosa;

é igual o movimento
de raiz cavilosa,
aliás, menos de raiz
que de gusano, ou cobra,

e igual a habilidade
de imiscuir-se, untuosa,
e de coar pelos poros
sua natureza osmótica.

Mas se o primeiro tipo
se satisfaz com a sombra
e no corpo que o abriga
vegeta mudo, em coma,

o outro, mais cedo ou tarde,
retorna e desabrocha:
na flor da delação,
a única em que flora,

flor toda à imagem dele,
furta-cor, furta-forma,
flor de planta que não
pode florir, e aborta.

Graciliano Ramos:

Falo somente com o que falo:
com as mesmas vinte palavras
girando ao redor do sol
que as limpa do que não é faca:

de toda uma crosta viscosa,
resto de janta abaianada,
que fica na lâmina e cega
seu gosto da cicatriz clara.

•

Falo somente do que falo:
do seco e de suas paisagens,
Nordestes, debaixo de um sol
ali do mais quente vinagre:

que reduz tudo ao espinhaço,
cresta o simplesmente folhagem,
folha prolixa, folharada,
onde possa esconder-se a fraude.

•

Falo somente por quem falo:
por quem existe nesses climas
condicionados pelo sol,
pelo gavião e outras rapinas:

e onde estão os solos inertes
de tantas condições caatinga,
em que só cabe cultivar
o que é sinônimo da míngua.

•

Falo somente para quem falo:
quem padece sono de morto
e precisa um despertador
acre, como o sol sobre o olho:

que é quando o sol é estridente,
a contrapelo, imperioso,
e bate nas pálpebras como
se bate numa porta a socos.

Pescadores pernambucanos

A Rubem Braga

Onde o Goitá vai mais parado
e onde nunca passa nada;
onde o Goitá vai tão parado
que nem mesmo ele rio passa,

um pescador, numa redoma
dessas em que sempre se instalam,
espera um peixe: e tão parado
que nem sequer roça a vidraça.

Mas não está parado
por estar na emboscada:
não é ele quem pesca,
a despeito da *vara*:

mais bem, é ele a pesca,
e a pose represada
é para não fugir
de algum peixe em que caia.

•

No mangue lama ou lama mangue,
difícil dizer-se o que é,
entre a espessura nada casta
que se entreabre morna, mulher,

pé ante pé, persegue um peixe
um pescador de *jereré,*
mergulhando o jereré, sempre,
quando já o que era não é.

Contudo, continua
sem se deter sequer:
fazer e refazer
fazem um só mister;

e ele se refaz, sempre,
a perseguir, até
que tudo haja fugido
ao passo de seu pé.

•

Qualquer pescador de *tarrafa*
arremessando a rede langue
dá a sensação que vai pescar
o mundo inteiro nesse lance;

e o vôo espalmado da rede,
planando lento sobre o mangue,
senão o mundo, os alagados,
dá a sensação mesmo que abrange.

Depois, pouco se vê:
como, ao chumbo tirante,
se transforma em profundo
o que era extenso, antes;

vê-se é como o profundo
dá pouco, de relance:
se muito, uma traíra
do imenso circunstante.

•

Aproveitando-se da noite
(não é bem um pescador, este)
coloca o *covo* e vai embora:
que sozinho se pesque o peixe;

coloca o covo na gamboa
e se vai, enxuto e terrestre:
mais tarde virá levantá-lo,
quando o bacurau o desperte.

Não é um pescador
aquele que não preze
o fino instante exato
em que o peixe se pesque;

este abandona o covo
e vai, sem interesse:
nem de fazer a pesca
nem de vê-la fazer-se.

Chuvas

Carpina é o município
de clima mais ambíguo.
Ele é Agreste em parte
e Mata a outra metade.

No meio de Carpina
atravessa uma linha
mais extraordinária:
é a chuva que a traça.

E extraordinária, mais,
porque, depois que a faz,
a chuva, com água em fibras,
uma cerca edifica.

No lugar dos Angicos
se vê o limite ativo:
o da chuva engenheira
demarcando fronteiras.

E a fronteira é tão clara
entre o Agreste e a Mata,
entre o que é terra enxuta
e o que é terra em chuva,

que ao chão seco do Agreste
se jura que o protege
um telheiro, construído,
invisível, de vidro.

•

Sevilha, em muitos bairros,
é colorida em pássaro.
Em pássaros ali raros:
araras, papagaios.

Em pássaros tropicais
pintam portas, portais:
quentes, para que queimem
sobre a cal das paredes.

Em pássaros do trópico,
também, os ocres mornos,
conquanto sejam terra
de Alcalá e de Utrera.

E Sevilha, num caso,
é duas vezes pássaro:
ao sol, seu natural,
e à chuva, casual.

À chuva, de outros pássaros,
então, revela os traços:
de pássaro da Europa
ganha então a cor nódoa,

cor galinácea, suja,
que ela só tem na chuva,
e que, na Europa, todas
têm, chova ou não chova.

•

A chuva, quase sempre,
cai em cima da gente.
Verticalmente, embora
oblíqua também possa.

Mas na *Galícia* a chuva,
de tanta, se descura:
cai de todos os lados
e inclusive de baixo.

Ninguém há que descubra
na apertada textura
um fio de outro fio:
menos, de onde caiu.

É a chuva feita estado:
nela se está em aquário,
onde ninguém atina
onde é embaixo, em cima.

É uma chuva atmosfera:
envolve e então penetra,
infiltrando no corpo
o aquário que era em torno.

A chuva na Galícia
é a chuva Rosalía:
nela se perde o tento
se chove fora ou dentro.

•

No *Sertão* masculino
a chuva sem dissímulo
demonstra o que ela é:
que seu sexo é mulher.

Por mais que em linhas retas
caia em cima da terra,
caída, mostra a chuva
que é feminina, em curvas.

Reta é a natureza,
por mais torta que seja,
do Sertão eriçado
onde ela cai tão raro.

Basta seguir o modo
com que, uma vez no solo,
a chuva é sinuosa
e provocante rola.

No Sertão de alma bruta
a chuva é mais que chuva.
É pessoa: e isso é mais
do que tudo o que traz.

E esse mundo viúvo,
mais que o verde futuro,
ama nela a presença,
corporalmente, fêmea.

Velório de um Comendador

§

Quem quer que o veja defunto,
havendo-o tratado em vida,
pensará: todo um alagado
coube aqui nesta bacia.

Resto de banho, água choca,
na banheira do salão,
sua preamar permanente
se empoça, em toda a acepção.

A brisa passa nas flores,
baronesas no morto-água,
mas nem de leve arrepia
a pele dela, estagnada.

Talvez porque qualquer água
fique mais densa, se morta,
mais pesada aos dedos finos
das brisas, ou a outras cócegas.

Não há dúvida, a água morta
se torna muito mais densa:
ao menos, se vê boiando,
nesta, o metal da comenda.

Não se entende é por que a água
não arrebenta o caixão:
mais densa, pesará mais,
terá mais forte pressão.

Como seja: agora um dique
detém, de simples madeira,
uma água morta que, viva,
arrebentava represas.

E uma banheira contém,
exposto a que alguém derrame,
todo o mar de água que ele era,
sem confins, mar de água mangue.

§

Todos que o vejam assim,
coberto de tantas flores,
pensarão que num canteiro,
não num caixão, está hoje.

O tamanho e as proporções
fazem o engano mais perfeito;
pois é idêntico o abaulado
de leirão e de canteiro.

Nem por estar numa sala,
está essa imagem desfeita:
se em salas não há jardins,
há contudo jardineiras.

E só não se enganaria,
nem cairia na imagem,
alguém que entendesse muito
de jardins e reparasse:

que a terra do tal canteiro
deve ser da mais salobre,
dado o pouco tempo que abre
o guarda-sol dessas flores

com que os amigos que tinha
o quiseram ajardinar,
e que murcham, se bem cheguem
abertas de par em par.

Na verdade, as flores todas
fecham rápido suas tendas.
A não ser a flor eterna,
por ser metal, da comenda,

que, de metal, pode ser
que dure e nunca enferruje.
Ou um pouco mais: pois parece
que já a ataca o chão palustre.

§

Embarcado no caixão,
parece que ele, afinal,
encontrou o seu veículo:
a marca e o modelo ideal.

Buscava um carro ajustado
ao compasso do que foi;
mais ronceiro, se possível,
que os mesmos carros-de-boi.

Mas dos que achava dizia
perigosos de se usar.
Igual dizia dos livros
e das correntes-de-ar.

E agora tem, no caixão,
esse veículo buscado;
não é um carro, porém
é um veículo, um barco.

O que buscava, queria
sem rodas, como este mesmo;
rodas lhe davam vertigem,
se não em comenda, ao peito.

E isso porque quando via
qualquer condecoração,
se bem de forma rebelde,
de cusparada ou explosão,

via nela só o metal,
a âncora a atar-se ao pescoço,
para não deixar que nada
se mova de um mesmo porto.

Morto, ei-lo afinal que encontra
seu tão buscado modelo:
o barco em que vai, parado,
não tem roda, é todo freios.

§

Está no caixão, exposto
como uma mercadoria;
à mostra, para vender,
quem antes tudo vendia;

antes, abria as barricas
para mostrar a qualidade,
ao olfato do freguês,
de seu bacalhau, seu charque;

ou com gestos joalheiros
espalhava no balcão
para melhor demonstrá-las
suas gemas: milho, feijão;

e o que se julga com o tato,
fubás, farinha-do-reino,
ele mostrava escorrendo-os,
sensual, por entre os dedos.

Mostrar amostras foi lema
de seu armazém de estiva,
e eis que agora aqui à mostra
o mercador mercadoria,

mesmo com essa comenda
no peito, a recomendá-lo,
e é nele como a medalha
de um produto premiado,

e assim acondicionado
como está em caixão vitrina,
bem mais fino que os caixotes
onde mostrava as farinhas,

mesmo com essa comenda
e essa embalagem de flor,
eis que ele, em mercadoria,
não encontra comprador.

Uma sevilhana pela Espanha

No sol de mar do céu de *Cádiz,*
mediterrâneo e classicista,
que dá às coisas mais terrosas
carne de estátua ou peixe, vítrea,

ela seguia carne
do campo de Sevilha:
carne de terra adentro,
carnal, jamais marisca.

•

Durante essas ruas paris
de *Barcelona,* tão avenida,
entre uma gente meio londres
urbanizada em mansas filas,

chegava a desafio
seu caminhar sevilha:
que é levando a cabeça
em flor que fosse espiga.

Dentro da vida de *Madrid*,
onde Castela, monja e bispa,
alguma vez deixa-se rir,
deixa-se ser Andaluzia,

logo se descobria
seu ter-se, de Sevilha:
como, se o riso é claro,
há mais riso em quem ria.

•

Através túneis de *museus,*
museus-mosteiros que amortiçam
a luz já velha, castelhana,
sobre obras mortas de fadiga,

tudo ela convertia
no museu de Sevilha:
museu entre jardins
e caules de água viva.

Formas do nu

1

A *aranha* passa a vida
tecendo cortinados
com o fio que fia
de seu cuspe privado.

Jamais para velar-se:
e por isso são ralos.
Para enredar os outros
é que usa os enredados.

Ela sabe evitar
que a enrede seu trabalho,
mesmo se dela mesma
o trama, autobiográfico.

E em muito menos tempo
que tomou em tramá-lo
o véu que não a velou
aí deixa, abandonado.

2

Somente na metade
é o *aruá* couraçado.
Na metade cimento,
na laje do telhado.

Porque, apesar do teto
que o veste pelo alto,
o aruá existe nu,
nu de pele, esfolado.

Sua casa tem teto
mas não tem assoalho:
cai descalça no mangue,
chão também escoriado.

E o morador da casa
se mistura por baixo
com a lama já mucosa:
bicho e chão penetrados.

3

Que animais prezam o nu
quanto o *burro* e o *cavalo*
(que aliás em Pernambuco
jamais andam calçados)?

A sela e a cangalha
deixam-nos sufocados
como se respirassem
também pelos costados.

É vê-los se espojar
na escova má do pasto
quando lhes tiram o arreio
e os soltam no cercado:

se espojando, têm todos
os gestos de asfixiado:
espasmos, estertores
de asmático e afogado.

4

O *homem* é o animal
mais vestido e calçado.
Primeiro, a pano e feltro
se isola do ar abraço.

Depois, a pedra e cal,
de paredes trajado,
se defende do abismo
horizontal do espaço.

Para evitar a terra,
calça nos pés sapatos,
nos sapatos, tapetes,
e nos tapetes, soalhos.

Calça as ruas: e como
não pode todo o mato,
para andar nele estende
passadeiras de asfalto.

O relógio

1

Ao redor da vida do homem
há certas caixas de vidro,
dentro das quais, como em jaula,
se ouve palpitar um bicho.

Se são jaulas não é certo;
mais perto estão das gaiolas,
ao menos pelo tamanho
e quebradiço da forma.

Umas vezes, tais gaiolas
vão penduradas nos muros;
outras vezes, mais privadas,
vão num bolso, num dos pulsos.

Mas onde esteja: a gaiola
será de pássaro ou pássara:
é alada a palpitação,
a saltação que ela guarda;

e de pássaro cantor,
não pássaro de plumagem:
pois delas se emite um canto
de uma tal continuidade

que continua cantando
se deixa de ouvi-lo a gente:
como a gente às vezes canta
para sentir-se existente.

2

O que eles cantam, se pássaros,
é diferente de todos:
cantam numa linha baixa,
com voz de pássaro rouco;

desconhecem as variantes
e o estilo numeroso
dos pássaros que sabemos,
estejam presos ou soltos;

têm sempre o mesmo compasso
horizontal e monótono,
e nunca, em nenhum momento,
variam de repertório:

dir-se-ia que não importa
a nenhum ser escutado.
Assim, que não são artistas
nem artesãos, mas operários

para quem tudo o que cantam
é simplesmente trabalho,
trabalho rotina, em série,
impessoal, não assinado,

de operário que executa
seu martelo regular
proibido (ou sem querer)
do mínimo variar.

3

A mão daquele martelo
nunca muda de compasso.
Mas, tão igual sem fadiga,
mal deve ser de operário;

ela é por demais precisa
para não ser mão de máquina,
e máquina independente
de operação operária.

De máquina, mas movida
por uma força qualquer
que a move passando nela,
regular, sem decrescer:

quem sabe se algum monjolo
ou antiga roda de água
que vai rodando, passiva,
graças a um fluido que a passa;

que fluido é ninguém vê:
da água não mostra os senões:
além de igual, é contínuo,
sem marés, sem estações.

E porque tampouco cabe
por isso, pensar que é o vento,
há de ser um outro fluido
que a move: quem sabe, o tempo.

4

Quando por algum motivo
a roda de água se rompe,
outra máquina se escuta:
agora, de dentro do homem;

outra máquina de dentro,
imediata, a reveza,
soando nas veias, no fundo
de poça no corpo, imersa.

Então se sente que o som
da máquina, ora interior,
nada possui de passivo,
de roda de água: é motor;

se descobre nele o afogo
de quem, ao fazer, se esforça,
e que ele, dentro, afinal,
revela vontade própria,

incapaz, agora, dentro,
de ainda disfarçar que nasce
daquela bomba motor
(coração, noutra linguagem)

que, sem nenhum coração,
vive a esgotar, gota a gota,
o que o homem, de reserva,
possa ter na íntima poça.

O alpendre no canavial

A Romero Cabral da Costa

1

Do alpendre sobre o canavial
a vida se dá tão vazia
que o tempo dali pode ser
sentido: e na substância física.

Do alpendre, o tempo pode ser
sentido com os cinco sentidos
que ali depressa se acostumam
a tê-lo ao lado, como um bicho.

Ou porque no deserto, em volta,
da cana oceânica e sem ilhas,
os poros, mais ávidos, se abram
e a alma se faça menos fibra,

ou porque ele próprio, o tempo,
por contraste com a vida rala,
se condense, se faça coisa,
que se vê, se escuta, se apalpa.

Como quer que seja: a verdade
é que o tempo ali pode mesmo
ser sentido, literalmente,
e até como *sabor e cheiro*:

cheiro de fumo, de fumaça,
de queimado, de coisa extinta,
como o de uma coivara longe,
extinta mas fumaçando ainda,

cheiro sempre de coisa extinta,
qual se o tempo fosse resíduo,
já nos tocasse já passado,
apenas com o rasto, já ido,

cheiro que às vezes mais se adensa
e é sabor leve, e sobre a língua,
de cheiro longe de fumaça
se faz sabor leve de cinza.

2

Do ermo que vai em derredor,
das várzeas de cana somente,
passarinhos buscando pouso
vêm aterrissar neste alpendre.

Onde cada um com a receita
herdada dentro da família
se põe a demonstrar que o tempo
não soa sempre em água lisa.

O tempo então é mais que coisa:
é coisa capaz de linguagem,
e que ao passar vai expressando
as formas que tem de passar-se.

Patativas, papa-capins,
xexéus, concrises, curiós:
é então que se *escuta* o tempo
que passa e o diz, de viva voz.

Sabiás, canários-da-terra,
cantando de estalo e corrido:
uns gaguejando, qual telégrafo,
outros contínuos, como um trilho.

Sanhaçus, galos-de-campina,
ferreiros, com ferro no estilo:
todos vêm mostrar como passa,
em sintaxes de todo tipo,

o tempo que de nós se perde
sem que lhe armemos alçapão,
nem mesmo agora que parece
passar ao alcance da mão,

nem mesmo agora que chegou
tão perto, tão familiarmente,
certo atraído pela sesta
avarandada deste alpendre.

3

Se no alpendre é a hora do trem
que vai à estação do lugar,
o tempo pára de correr:
começa a se depositar.

Então, dir-se-ia que o tempo
interrompe toda carreira,
entorpecido pela tensão
do mundo à espera e à espreita.

Então, dir-se-ia que o tempo
tem cãibras, ou fica crispado,
impedido de fluir livre
entre esperas, bolsas de vácuo.

Então, ele faz tão espesso
que é *palpável* sua substância;
tão espessa que ao apalpá-la
se tomaria por membrana;

tão espessa que até parece
que já nunca mais se dissolve;
tão espessa como se a espera
não fosse de trem mas de morte.

(Quando mais espessa, eis que o trem
com a explosão, a histeria,
bruta e de ferro, de cidade,
rompe a membrana distendida.

E só depois que ele reparte
com sua exaltação maníaca
é que os rotos fiapos duros
de tempo coalhado em bexiga

voltam a diluir-se no vazio
que vai diluindo, dia a dia,
ferros velhos de uma paisagem
posta à margem, fora da via.)

4

Deste alpendre num meio-dia
caindo no mundo de chapa,
é que se chega a *ver* que o tempo
sabe moderar a passada.

Tudo então se deixa tão lento,
só presente, tudo tão lasso,
que o próprio tempo se abandona
e perde a esquivança de pássaro.

E, se não chega a se deter,
gavião-peneira, imóvel no ar,
ele assume a câmara lenta
que é da preguiça, do embuá,

e esse caminhar mais viscoso
de mel-de-engenho, água em remanso,
o gesto enorme da borracha,
borracha de pássaro manso.

Então o alpendre e a bagaceira
se transformam em laboratório:
pois vistas a esse tempo lento,
como se sob um microscópio,

as coisas se fazem mais amplas,
mais largas, ou mais largamente,
e deixam ver os interstícios
que a olho nu o olho não sente,

e que há na textura das coisas
por compactas que sejam elas;
laboratório: que parece
tornar as coisas mais abertas

para que as entremos por entre,
através, do fundo, do centro;
laboratório: onde se aprende
a apreender as coisas por dentro.

A EDUCAÇÃO PELA PEDRA
(1962-1965)

A Manuel Bandeira
esta antilira para seus
oitent'anos

Nordeste (a)

O mar e o canavial

O que o mar sim aprende do canavial:
a elocução horizontal de seu verso;
a geórgica de cordel, ininterrupta,
narrada em voz e silêncio paralelos.
O que o mar não aprende do canavial:
a veemência passional da preamar;
a mão-de-pilão das ondas na areia,
moída e miúda, pilada do que pilar.

•

O que o canavial sim aprende do mar:
o avançar em linha rasteira da onda;
o espraiar-se minucioso, de líquido,
alagando cova a cova onde se alonga.
O que o canavial não aprende do mar:
o desmedido do derramar-se da cana;
o comedimento do latifúndio do mar,
que menos lastradamente se derrama.

O sertanejo falando

A fala a nível do sertanejo engana:
as palavras dele vêm, como rebuçadas
(palavras confeito, pílula), na glace
de uma entonação lisa, de adocicada.
Enquanto que sob ela, dura e endurece
o caroço de pedra, a amêndoa pétrea,
dessa árvore pedrenta (o sertanejo)
incapaz de não se expressar em pedra.

2

Daí por que o sertanejo fala pouco:
as palavras de pedra ulceram a boca
e no idioma pedra se fala doloroso;
o natural desse idioma fala à força.
Daí também por que ele fala devagar:
tem de pegar as palavras com cuidado,
confeitá-las na língua, rebuçá-las;
pois toma tempo todo esse trabalho.

Duas das festas da morte

Recepções de cerimônia que dá a morte:
o morto, vestido para um ato inaugural;
e ambiguamente: com a roupa do orador
e a da estátua que se vai inaugurar.
No caixão, meio caixão meio pedestal,
o morto mais se inaugura do que morre;
e duplamente: ora sua própria estátua,
ora seu próprio vivo, em dia de posse.

•

Piqueniques infantis que dá a morte:
os enterros de criança no Nordeste:
reservados a menores de treze anos,
impróprios a adultos (nem o seguem).
Festa meio excursão meio piquenique,
ao ar livre, boa para dia sem classe;
nela, as crianças brincam de boneca,
e, aliás, com uma boneca de verdade.

Na morte dos rios

A Manuel Artur Souza Leão Neto

Desde que no Alto Sertão um rio seca,
a vegetação em volta, embora de unhas,
embora sabres, intratável e agressiva,
faz alto à beira daquele leito tumba.
Faz alto à agressão nata: jamais ocupa
o rio de ossos areia, de areia múmia.

2

Desde que no Alto Sertão um rio seca,
o homem ocupa logo a múmia esgotada:
com bocas de homem, para beber as poças
que o rio esquece, e até a mínima água;
com bocas de cacimba, para fazer subir
a que dorme em lençóis, em fundas salas;
e com bocas de bicho, para mais rendimento
de seu fossar econômico, de bicho lógico.
Verme de rio, ao roer essa areia múmia,
o homem adianta os próprios, póstumos.

Coisas de cabeceira, Recife

Diversas coisas se alinham na memória
numa prateleira com o rótulo: Recife.
Coisas como de cabeceira da memória,
a um tempo coisas e no próprio índice;
e pois que em índice: densas, recortadas,
bem legíveis, em suas formas simples.

2

Algumas delas, e fora as já contadas:
o combogó, cristal do número quatro;
os paralelepípedos de algumas ruas,
de linhas elegantes mas grão áspero;
a empena dos telhados, quinas agudas
como se também para cortar, telhados;
os sobrados, paginados em *romancero,*
várias colunas por fólio, imprensados.
(Coisas de cabeceira, firmando módulos:
assim, o do vulto esguio dos sobrados.)

A fumaça no Sertão

Onde tampouco a fumaça encorpa muito;
onde nem pode o barroco mil folheiro
da mangueira matriarca, corpopulenta,
de que na Mata a fumaça finge o jeito.
Nem o barroco, mais torto mas rasteiro,
de quando a fumaça se faz em cajueiro.

•

Onde também a fumaça encorpa pouco;
onde nem pode encopar-se de tão rala,
tanto quanto o ar ralo por que arvora
o fio da árvore que pode, desfiapada.
Onde porém, porque não pode o barroco,
ela pode empinar-se essencial, unicaule;
unicaule, mas bem diversa do coqueiro,
incapaz de ir linheiro ao empinar-se;
unicaule mais bem de palmeira a prumo,
de uma palmeira coluna, sem folhagem.

A educação pela pedra

Uma educação pela pedra: por lições;
para aprender da pedra, freqüentá-la;
captar sua voz inenfática, impessoal
(pela de dicção ela começa as aulas).
A lição de moral, sua resistência fria
ao que flui e a fluir, a ser maleada;
a de poética, sua carnadura concreta;
a de economia, seu adensar-se compacta:
lições da pedra (de fora para dentro,
cartilha muda), para quem soletrá-la.

•

Outra educação pela pedra: no Sertão
(de dentro para fora, e pré-didática).
No Sertão a pedra não sabe lecionar,
e, se lecionasse, não ensinaria nada;
lá não se aprende a pedra: lá a pedra,
uma pedra de nascença, entranha a alma.

Elogio da usina e de Sophia de Mello Breyner Andresen

O engenho bangüê (o rolo compressor,
mais o monjolo, a moela da galinha,
e muitas moelas e moendas de poetas)
vai unicamente numa direção: na ida.
Ele faz quando na ida, ou ao desfazer
em bagaço e caldo; ele faz o informe;
faz-desfaz na direção de moer a cana,
que aí deixa; e que de mel nos moldes
madura só, faz-se: no cristal que sabe,
o do mascavo, cego (de luz e corte).

2

Sophia vai de ida e de volta (e a usina);
ela desfaz-faz e faz-refaz mais acima,
e usando apenas (sem turbinas, vácuos)
algarves de sol e mar por serpentinas.
Sophia faz-refaz, e subindo ao cristal,
em cristais (os dela, de luz marinha).

O urubu mobilizado

Durante as secas do Sertão, o urubu,
de urubu livre, passa a funcionário.
O urubu não retira, pois prevendo cedo
que lhe mobilizarão a técnica e o tacto,
cala os serviços prestados e diplomas,
que o enquadrariam num melhor salário,
e vai acolitar os empreiteiros da seca,
veterano, mas ainda com zelos de novato:
aviando com eutanásia o morto incerto,
ele, que no civil quer o morto claro.

2

Embora mobilizado, nesse urubu em ação
reponta logo o perfeito profissional.
No ar compenetrado, curvo e conselheiro,
no todo de guarda-chuva, na unção clerical
com que age, embora em posto subalterno:
ele, um convicto profissional liberal.

Fazer o seco, fazer o úmido

A gente de uma capital entre mangues,
gente de pavio e de alma encharcada,
se acolhe sob uma música tão resseca
que vai ao timbre de punhal, navalha.
Talvez o metal sem húmus dessa música,
ácido e elétrico, pedernal de isqueiro,
lhe dê uma chispa capaz de tocar fogo
na molhada alma pavio, molhada mesmo.

•

A gente de uma Caatinga entre secas,
entre datas de seca e seca entre datas,
se acolhe sob uma música tão líquida
que bem poderia executar-se com água.
Talvez as gotas úmidas dessa música
que a gente dali faz chover de violas,
umedeçam, e, se não com a água da água,
com a convivência da água, langorosa.

O canavial e o mar

O que o mar sim ensina ao canavial:
o avançar em linha rasteira da onda;
o espraiar-se minucioso, de líquido,
alagando cova a cova onde se alonga.
O que o canavial sim ensina ao mar:
a elocução horizontal de seu verso;
a geórgica de cordel, ininterrupta,
narrada em voz e silêncio paralelos.

2

O que o mar não ensina ao canavial:
a veemência passional da preamar;
a mão-de-pilão das ondas na areia,
moída e miúda, pilada do que pilar.
O que o canavial não ensina ao mar:
o desmedido do derramar-se da cana;
o comedimento do latifúndio do mar,
que menos lastradamente se derrama.

Uma mulher e o Beberibe

Ela se imove com o andamento da água
(indecisa entre ser tempo ou espaço)
daqueles rios do litoral do Nordeste
que os geógrafos chamam "rios fracos".
Lânguidos; que se deixam pelo mangue
a um banco de areia do mar de chegada;
vegetais; de água espaço e sem tempo
(sem o cabo por que o tempo a arrasta).

•

Ao rio Beberibe, quando rio adolescente
(precipitadamente tempo, não espaço),
nada lhe pára os pés; se rio maduro,
ele assume um andamento mais andado.
Adulto no mangue, imita o imovimento
que há pouco imitara dele uma mulher:
indolente, de água espaço e sem tempo
(fora o do cio e da prenhez da maré).

Não-Nordeste (b)

De Bernarda a Fernanda de Utrera

A Jatyr de Almeida Rodrigues

Bernarda de Utrera arranca-se o *cante*
quando a brasa chama a si as chamas;
quando ainda brasa, no entanto quando,
chamado a si o excesso, se desinflama.
Ela usa a brasa íntima no quando breve
em que, brasa apenas e em brasa viva,
arde numa dosagem exata de si mesma:
brasa estritamente brasa, inexcessiva.

•

Fernanda de Utrera arranca-se o *cante*
quando a brasa extenuada já definha;
quando a brasa resfriada já se recobre
com o cobertor ou as plumas da cinza.
Ela usa a brasa íntima no quando longo
em que rola calor abaixo até a pedra;
no da brasa em pedra, no da brasa do frio:
para daí reacendê-la, e contra a queda.

Uma mineira em Brasília

Aqui, as horizontais descampinadas
farão o que os alpendres sem ânsia,
dissolvendo no homem o agarrotamento
que trouxe consigo de cidades cãibra.
Mas ela já veio com o lhano que virá
ao homem daqui, hoje ainda crispado:
em seu estar-se tão fluente, de Minas,
onde os alpendres diluentes, de lago.

•

No cimento de Brasília se resguardam
maneiras de casa antiga de fazenda,
de copiar, de casa-grande de engenho,
enfim, das casaronas de alma fêmea.
Com os palácios daqui (casas-grandes)
por isso a presença dela assim combina:
dela, que guarda no jeito o feminino
e o envolvimento de alpendre de Minas.

Nas covas de Baza

O cigano desliza por encima da terra
não podendo acima dela, sobrepairado;
jamais a toca, sequer calçadamente,
senão supercalçado: de cavalo, carro.
O cigano foge da terra, de afagá-la,
dela carne nua ou viva, no esfolado;
lhe repugna, ele que pouco a cultiva,
o hálito sexual da terra sob o arado.

2

De onde, quem sabe, o cigano das covas
dormir na entranha da terra, enfiado;
dentro dela, e nela de corpo inteiro,
dentros mais de ventre que de abraço.
Contudo, dorme na terra uterinamente,
dormir de feto, não o dormir de falo;
escavando a cova sempre, para dormir
mais longe da porta, sexo inevitável.

Sobre o sentar-/estar-no-mundo

A Fanor Cumplido Jr.

Ondequer que certos homens se sentem,
sentam poltrona, qualquer o assento.
Sentam poltrona: ou tábua-de-latrina,
assento além de anatômico, ecumênico,
exemplo único de concepção universal,
onde cabe qualquer homem e a contento.

•

Ondequer que certos homens se sentem
sentam bancos ferrenhos, de colégio;
por afetuoso e diplomata o estofado,
os ferem nós debaixo, senão pregos,
e mesmo a tábua-de-latrina lhes nega
o abaulado amigo, as curvas de afeto.
A vida toda, se sentam mal sentados,
e mesmo de pé algum assento os fere:
eles levam em si os nós-senão-pregos,
nas nádegas da alma, em efes e erres.

Coisas de cabeceira, Sevilha

Diversas coisas se alinham na memória
numa prateleira com o rótulo: Sevilha.
Coisas, se na origem apenas expressões
de ciganos dali; mas claras e concisas
a um ponto de se condensarem em coisas,
bem concretas, em suas formas nítidas.

2

Algumas delas, e fora as já contadas:
não *esparramarse,* fazer na dose certa;
por derecho, fazer qualquer quefazer,
e o do ser, com a incorrupção da reta;
con nervio, dar a tensão ao que se faz
da corda de arco e a retensão da seta;
pies claros, qualidade de quem dança,
se bem pontuada a linguagem da perna.
(Coisas de cabeceira somam: *exponerse,*
fazer no extremo, onde o risco começa.)

Dois P.S. a um poema

Certo poema imaginou que a daria a ver
(sua pessoa, fora da dança) com o fogo.
Porém o fogo, prisioneiro da fogueira,
tem de esgotar o incêndio, o fogo todo;
e o dela, ela o apaga (se e quando quer)
ou o mete vivo no corpo: então, ao dobro.

•

Certo poema imaginou que a daria a ver
(quando dentro da dança) com a chama:
imagem pouca e pequena para contê-la,
conter sua chama e seu mais-que-chama.
E embora o poema estime que a imagem
não conteria tudo dessa chama sozinha,
que por si se ateia (se e quando quer),
de quanto o mais-que-chama não estima;
pois vale o duplo de uma qualquer chama:
estas só dançam da cintura para cima.

Tecendo a manhã

Um galo sozinho não tece uma manhã:
ele precisará sempre de outros galos.
De um que apanhe esse grito que ele
e o lance a outro; de um outro galo
que apanhe o grito que um galo antes
e o lance a outro; e de outros galos
que com muitos outros galos se cruzem
os fios de sol de seus gritos de galo,
para que a manhã, desde uma teia tênue,
se vá tecendo, entre todos os galos.

2

E se encorpando em tela, entre todos,
se erguendo tenda, onde entrem todos,
se entretendendo para todos, no toldo
(a manhã) que plana livre de armação.
A manhã, toldo de um tecido tão aéreo
que, tecido, se eleva por si: luz balão.

Fábula de um arquiteto

A arquitetura como construir portas,
de abrir; ou como construir o aberto;
construir, não como ilhar e prender,
nem construir como fechar secretos;
construir portas abertas, em portas;
casas exclusivamente portas e teto.
O arquiteto: o que abre para o homem
(tudo se sanearia desde casas abertas)
portas por-onde, jamais portas-contra;
por onde, livres: ar luz razão certa.

2

Até que, tantos livres o amedrontando,
renegou dar a viver no claro e aberto.
Onde vãos de abrir, ele foi amurando
opacos de fechar; onde vidro, concreto;
até refechar o homem: na capela útero,
com confortos de matriz, outra vez feto.

Uma ouriça

Se o de longe esboça lhe chegar perto,
se fecha (convexo integral de esfera),
se eriça (bélica e multiespinhenta):
e esfera e espinho, se ouriça à espera.
Mas não passiva (como ouriço na loca)
nem só defensiva (como se eriça o gato);
sim agressiva (como jamais o ouriço),
do agressivo capaz de bote, de salto
(não do salto para trás, como o gato):
daquele capaz do salto para o assalto.

2

Se o de longe lhe chega em (de longe),
de esfera aos espinhos, ela se desouriça.
Reconverte: o metal hermético e armado
na carne de antes (côncava e propícia),
e as molas felinas (para o assalto),
nas molas em espiral (para o abraço).

Catar feijão

A Alexandre O'Neill

Catar feijão se limita com escrever:
jogam-se os grãos na água do alguidar
e as palavras na da folha de papel;
e depois joga-se fora o que boiar.
Certo, toda palavra boiará no papel,
água congelada, por chumbo seu verbo:
pois, para catar esse feijão, soprar nele,
e jogar fora o leve e oco, palha e eco.

2

Ora, nesse catar feijão entra um risco:
o de que entre os grãos pesados entre
um grão qualquer, pedra ou indigesto,
um grão imastigável, de quebrar dente.
Certo, não quando ao catar palavras:
a pedra dá à frase seu grão mais vivo:
obstrui a leitura fluviante, flutual,
açula a atenção, isca-a com o risco.

Nas covas de Guadix

O cigano desliza por encima da terra
não podendo acima dela, sobrepairado;
lhe repugna, ele que pouco a cultiva,
o hálito sexual da terra sob o arado.
Contudo, dorme na terra uterinamente,
dormir de feto, não o dormir de falo;
dentro dela, e nela de corpo inteiro,
dentros mais de ventre que de abraço.

•

O cigano foge da terra, de afagá-la,
dela carne nua ou viva, ou esfolado;
jamais a toca, sequer calçadamente,
senão supercalçado: de cavalo, carro.
De onde, quem sabe, o cigano das covas
dormir na entranha da terra, enfiado;
escavando a cova sempre, para dormir
mais longe da porta, sexo inevitável.

Mesma mineira em Brasília

No cimento duro, de aço e de cimento,
Brasília enxertou-se, e guarda vivo
esse poroso quase carnal da alvenaria
da casa de fazenda do Brasil antigo.
Com os palácios daqui (casas-grandes)
por isso a presença dela assim combina:
dela, que guarda no corpo o receptivo
e o absorvimento de alpendre de Minas.

•

Aqui, as horizontais descampinadas
farão o que os alpendres remansos,
alargando espaçoso o tempo do homem
de tempo atravancado e sem quandos.
Mas ela já veio com a calma que virá
ao homem daqui, hoje ainda apurado:
em seu tempo amplo de tempo, de Minas,
onde os alpendres espaçosos, de largo.

Nordeste (A)

Duas bananas & a bananeira

A Rodolpho G. de Souza Dantas

Entre a caatinga tolhida e raquítica,
entre uma vegetação ruim, de orfanato:
no mais alto, o mandacaru se edifica
a torre gigante e de braço levantado;
quem o depara, nessas chãs atrofiadas,
pensa que ele nasceu ali por acaso;
mas ele dá nativo ali, e daí fazer-se
assim alto e com o braço para o alto.
Para que, por encima do mato anêmico,
desde o país eugênico além das chãs,
se veja a banana que ele, mandacaru,
dá em nome da caatinga anã e irmã.

•

A bananeira dá, luzidia de contente,
nos fundos de quintal, com despejos,
com monturos de lixo: fogueira fria
e sem fumo, mas fumegando mau cheiro;

e mais daria se o dicionário omitisse
banana gesto de rebeldia e indecente;
se, além da banana fruta, registrasse
banana coisa sem espinhaço, somente.
Daí a bananeira dobrar, como impotente,
a ereção do mangará, de crua macheza;
e daí conceber as bananas sem caroço,
fáceis de despir, com carne de rameira.

Agulhas

Nas praias do Nordeste, tudo padece
com a ponta de finíssimas agulhas:
primeiro, com a das agulhas da luz
(ácidas para os olhos e a carne nua),
fundidas nesse metal azulado e duro
do céu dali, fundido em duralumínio,
e amoladas na pedra de um mar duro,
de brilho peixe também duro, de zinco.
Depois, com a ponta das agulhas do ar,
vaporizadas no alíseo do mar cítrico,
desinfetante, fumigando agulhas tais
que lavam a areia do lixo e do vivo.

2

Entretanto, nas praias do Nordeste,
nem tudo vem com agulhas e em lâmina:
assim, o vento alíseo que ali visita
não leva debaixo da capa arma branca.
O vento, que por outras leva punhais
feitos do metal do gelo, agulhíssimos,
no Nordeste sopra brisa: de algodão,
despontado; vento abaulado e macio;

e sequer em agosto, ao enflorestar-se
vento-Mata da Mirueira a brisa-arbusto,
o vento mete metais dentro do soco:
então bate forte, mas sempre rombudo.

Rios sem discurso

A Gabino Alejandro Carriedo

Quando um rio corta, corta-se de vez
o discurso-rio de água que ele fazia;
cortado, a água se quebra em pedaços,
em poços de água, em água paralítica.
Em situação de poço, a água equivale
a uma palavra em situação dicionária:
isolada, estanque no poço dela mesma,
e, porque assim estanque, estancada;
e mais: porque assim estancada, muda,
e muda porque com nenhuma comunica,
porque cortou-se a sintaxe desse rio,
o fio de água por que ele discorria.

•

O curso de um rio, seu discurso-rio,
chega raramente a se reatar de vez;
um rio precisa de muito fio de água
para refazer o fio antigo que o fez.
Salvo a grandiloqüência de uma cheia
lhe impondo interina outra linguagem,
um rio precisa de muita água em fios
para que todos os poços se enfrasem:

se reatando, de um para outro poço,
em frases curtas, então frase e frase,
até a sentença-rio do discurso único
em que se tem voz a seca ele combate.

The Country of the Houyhnhnms

Para falar dos *Yahoos,* se necessita
que as palavras funcionem de pedra:
se pronunciadas, que se pronunciem
com a boca para pronunciar pedras.
E que a frase se arme do perfurante
que têm no Pajeú as facas-de-ponta:
faca sem dois gumes e contudo ambígua,
por não se ver onde nela não é ponta.

2

Ou para quando falarem dos *Yahoos*:
furtar-se a ouvir falar, no mínimo;
ou ouvir no silêncio todo em pontas
do cacto espinhento, bem agrestino;
aviar e ativar, debaixo do silêncio,
o cacto que dorme em qualquer *não*;
avivar no silêncio os cem espinhos
com que pode despertar o cacto *não.*
Ou para quando falarem dos *Yahoos*:
não querer ouvir falar, pelo menos;
ou ouvir, mas engatilhando o sorriso,
para dispará-lo, a qualquer momento;

ouvir os planos-afinal para os *Yahoos*
com um sorriso na boca, engatilhado:
na boca que não pode balas, mas pode
um sorriso de zombaria, tiro claro.

Os rios de um dia

Os rios, de tudo o que existe vivo,
vivem a vida mais definida e clara;
para os rios, viver vale se definir
e definir viver com a língua da água.
O rio corre; e assim viver para o rio
vale não só ser corrido pelo tempo:
o rio o corre; e pois que com sua água,
viver vale suicidar-se, todo o tempo.

2

Pois isso, que ele define com clareza,
o rio aceita e professa, friamente,
e se procuram lhe atar a hemorragia,
ou a vida suicídio, o rio se defende.
O que um rio do Sertão, rio interino,
prova com sua água, curta nas medidas:
ao se correr torrencial, de uma vez,
sobre leitos de hotel, de um só dia;
ao se correr torrencial, de uma vez,
sem alongar seu morrer, pouco a pouco,
sem alongá-lo, em suicídio permanente
ou no que todos, os rios duradouros;

esses rios do Sertão falam tão claro
que induz ao suicídio a pressa deles:
para fugir na morte da vida em poças
que pega quem devagar por tanta sede.

O hospital da Caatinga

A Danilo Coimbra Gonçalves

O poema trata a Caatinga de hospital
não porque esterilizada, sendo deserto;
não por essa ponta do símile que liga
deserto e hospital: seu nu asséptico.
(Os areais lençol, o madapolão areal,
os leitos duna, as dunas enfermaria,
que o timol do vento e o sol formol
vivem a desinfetar, de morte e vida.)

2

O poema trata a Caatinga de hospital
pela ponta oposta do símile ambíguo;
por não deserta e, sim, superpovoada;
por se ligar a um hospital, mas nisso.
Na verdade, superpovoa esse hospital
para bicho, planta e tudo que subviva,
a melhor mostra de estilos de aleijão
que a vida para sobreviver se cria,
assim como dos outros estilos que ela,
a vida, vivida em condições de pouco,
monta, se não cria: com o esquelético
e o atrofiado, com o informe e o torto;

estilos de que a catingueira dá o estilo
com seu aleijão poliforme, imaginoso;
tantos estilos, que se toma o hospital
por uma clínica ortopédica, ele todo.

A cana-de-açúcar de agora

Agora nos partidos, se entrevê pouco
da arquitetura clara do objeto cana:
seu desenho, preciso até o cortante,
entre a palha informal que a enliana;
sua coluna, matemática mas nervosa,
em seções construidamente, modulada,
escorando toda a laje folhal imensa
com uma leveza de colunas para nada;
seu verniz metalizado; sua escultura,
coluna de Weissmann ou Vieira (Mary);
em resumo, a elegância fina e moderna
de seu objeto, embora objeto em série.
(A cana se esconde, na cana de agora,
que dá mais palha e evita despalhá-la;
e agora se corre menos, nos partidos,
plantas-de-cana do que plantas-de-palha.)

•

Agora nos partidos, se entrevê pouco
do corpo da cana: é demais a palha;
a folhagem das saias de que se cobre
e onde encobre porque se resguarda.

Se resguarda, multiplicando as saias,
a perna brunida ou o talhe esbelto,
ou se se resguarda, ela, na palha saia,
para não assistir o que vai por perto.

Bifurcados de "Habitar o tempo"

Viver seu tempo: para o que ir viver
num deserto literal ou de alpendres;
em ermos, que não distraiam de viver
a agulha de um só instante, plenamente.
Exceção aos desertos: o da Caatinga,
que não libera o homem, como outros,
para que ele imagine ouvir-se mundos
ouvindo-se a máquina bicho do corpo;
para que, só e entre coisas de vazio,
de vidro igual ao do que não existe,
o homem, como lhe sucede num deserto,
imagine sentir outras coisas ao sentir-se;
embora um deserto, a Caatinga atrai,
ata a imaginação; não a deixa livre,
para deixar-se, ser; a Caatinga a fere
e a idéia-fixa: com seu vazio em riste.

•

Ele ocorre vazio, o tal tempo ao vivo;
e, como além de vazio, transparente,
habitar o invisível dá em habitar-se:
a ermida corpo, no deserto ou alpendre.

Desertos onde ir viver para habitar-se,
mas que logo surgem como viciosamente
a quem foi ir ao da Caatinga nordestina:
que não se quer deserto, reage a dentes.

The Country of the Houyhnhnms
(outra composição)

Para falar dos *Yahoos,* se necessita
que as palavras funcionem de pedra:
se pronunciadas, que se pronunciem
com a boca para pronunciar pedras;
se escritas, que se escrevam em duro
na página dura de um muro de pedra;
e, mais que pronunciadas ou escritas,
que se atirem, como se atiram pedras.
Para falar dos *Yahoos,* se necessita
que as palavras se rearmem de gume,
como numa sátira; ou como na ironia,
se armem ambiguamente de dois gumes;
e que a frase se arme do perfurante
que têm no Pajeú as facas-de-ponta:
faca sem dois gumes e contudo ambígua,
por não se ver onde nela não é ponta.

2

Ou para quando falarem dos *Yahoos*:
não querer ouvir falar, pelo menos;
ou ouvir, mas engatilhando o sorriso,
para dispará-lo, a qualquer momento.

Aviar e ativar, debaixo do silêncio,
o cacto que dorme em qualquer *não*;
avivar no silêncio os cem espinhos
com que pode despertar o cacto *não*.

Psicanálise do açúcar

O açúcar cristal, ou açúcar de usina,
mostra a mais instável das brancuras;
quem do Recife sabe direito o quanto,
e o pouco desse quanto, que ela dura.
Sabe o mínimo do pouco que o cristal
se estabiliza cristal sobre o açúcar,
por cima do fundo antigo, de mascavo,
do mascavo barrento que se incuba;
e sabe que tudo pode romper o mínimo
em que o cristal é capaz de censura:
pois o tal fundo mascavo logo aflora
quer inverno ou verão mele o açúcar.

•

Só os bangüês que-ainda purgam ainda
o açúcar bruto com barro, de mistura;
a usina já não o purga: da infância,
não de depois de adulto, ela o educa;
em enfermarias, com vácuos e turbinas,
em mãos de metal de gente indústria,
a usina o leva a sublimar em cristal
o pardo do xarope: não o purga, cura.

Mas como a cana se cria ainda hoje,
em mãos de barro de gente agricultura,
o barrento da pré-infância logo aflora,
quer inverno ou verão mele o açúcar.

Os reinos do amarelo

A terra lauta da Mata produz e exibe
um amarelo rico (se não o dos metais):
o amarelo do maracujá e os da manga,
o do oiti-da-praia, do caju e do cajá;
amarelo vegetal, alegre de sol livre,
beirando o estridente, de tão alegre,
e que o sol eleva de vegetal a mineral,
polindo-o, até um aceso metal de pele.
Só que fere a vista um amarelo outro,
e a fere embora baço (sol não o acende):
amarelo aquém do vegetal, e se animal,
de um animal cobre: pobre, podremente.

2

Só que fere a vista um amarelo outro:
se animal, de homem: de corpo humano;
de corpo e vida; de tudo o que segrega
(sarro ou suor, bile íntima ou ranho),
ou sofre (o amarelo de sentir triste,
de ser analfabeto, de existir aguado):
amarelo que no homem dali se adiciona
o que há em ser pântano, ser-se fardo.

Embora comum ali, esse amarelo humano
ainda dá na vista (mais pelo prodígio):
pelo que tardam a secar, e ao sol dali,
tais poças de amarelo, de escarro vivo.

O sol em Pernambuco

A José Sette Câmara

(O sol em Pernambuco leva dois sóis,
sol de dois canos, de tiro repetido;
o primeiro dos dois, o fuzil de fogo,
incendeia a terra: tiro de inimigo.)
O sol, ao aterrissar em Pernambuco,
acaba de voar dormindo o mar deserto;
dormiu porque deserto; mas ao dormir
se refaz, e pode decolar mais aceso;
assim, mais do que acender incendeia,
para rasar mais desertos no caminho;
ou rasá-los mais, até um vazio de mar
por onde ele continue a voar dormindo.

•

Pinzón diz que o cabo *Rostro Hermoso*
(que se diz hoje de Santo Agostinho)
cai pela terra de mais luz da terra
(mudou o nome, sobrou a luz a pino);
dá-se que hoje dói na vida tanta luz:
ela revela real o real, impõe filtros:
as lentes negras, lentes de diminuir,
as lentes de distanciar, ou do exílio.

(O sol em Pernambuco leva dois sóis,
sol de dois canos, de tiro repetido;
o segundo dos dois, o fuzil de luz,
revela real a terra: tiro de inimigo.)

Não-Nordeste (B)

A urbanização do regaço

Os bairros mais antigos de Sevilha
criaram uma urbanização do regaço
para quem, em meio a qualquer praça,
sente o olho de alguém a espioná-lo,
para quem sente nu no meio da sala
e se veste com os cantos retirados.
Com ruas feitas com pedaços de rua,
se agregando mal, por mal colados,
com ruas feitas apenas com esquinas
e por onde o caminhar fia quadrado,
eles têm abrigos e íntimos de corpo
nos recantos em desvão e esconsados.

•

Com ruas medindo corredores de casa,
onde um balcão toca o do outro lado,
com ruas arruelando mais, em becos,
ou alargando, mas em mínimos largos,
os bairros mais antigos de Sevilha
criam o gosto pelo regaço urbanizado.

Eles têm o aconchego que a um corpo
dá estar noutro, interno ou aninhado,
para quem torce a avenida devassada
e enfia o embainhamento de um atalho,
para quem quer, quando fora de casa,
seus dentros e resguardos de quarto.

Os vazios do homem

Os vazios do homem não sentem ao nada
do vazio qualquer: do do casaco vazio,
do da saca vazia (que não ficam de pé
quando vazios, ou o homem com vazios);
os vazios do homem sentem a um cheio
de uma coisa que inchasse já inchada;
ou ao que deve sentir, quando cheia,
uma saca: todavia, não qualquer saca.
Os vazios do homem, esse vazio cheio,
não sentem ao que uma saca de tijolos,
uma saca de rebites; nem têm o pulso
que bate numa de sementes, de ovos.

2

Os vazios do homem, ainda que sintam
a uma plenitude (gora mas presença),
contêm nadas, contêm apenas vazios:
o que a esponja, vazia quando plena;
incham do que a esponja, de ar vazio,
e dela copiam certamente a estrutura:
toda em grutas ou em gotas de vazio,
postas em cachos de bolha, de não-uva.

Esse cheio vazio sente ao que uma saca
mas cheia de esponjas cheias de vazio;
os vazios do homem ou o vazio inchado:
ou o vazio que inchou por estar vazio.

Num monumento à aspirina

Claramente: o mais prático dos sóis,
o sol de um comprimido de aspirina:
de emprego fácil, portátil e barato,
compacto de sol na lápide sucinta.
Principalmente porque, sol artificial,
que nada limita a funcionar de dia,
que a noite não expulsa, cada noite,
sol imune às leis de meteorologia,
a toda hora em que se necessita dele
levanta e vem (sempre num claro dia):
acende, para secar a aniagem da alma,
quará-la, em linhos de um meio-dia.

•

Convergem: a aparência e os efeitos
da lente do comprimido de aspirina:
o acabamento esmerado desse cristal,
polido a esmeril e repolido a lima,
prefigura o clima onde ele faz viver
e o cartesiano de tudo nesse clima.
De outro lado, porque lente interna,
de uso interno, por detrás da retina,

não serve exclusivamente para o olho
a lente, ou o comprimido de aspirina:
ela reenfoca, para o corpo inteiro,
o borroso de ao redor, e o reafina.

Comendadores jantando

A Frei Benevenuto Santa Cruz

Assentados, mais fundo que sentados,
eles sentam sobre as supercadeiras:
cadeiras com patas, mais que pernas,
e de pau-d'aço, um que não manqueja.
Se assentam tão fundo e fundadamente
que, mais do que sentados em cadeiras,
eles parecem assentados, com cimento,
sobre as fundações das próprias igrejas.

2

Assentados fundo, ou fundassentados,
à prova de qualquer abalo e falência,
se centram no problema circunscrito
que o prato de cada um lhe apresenta;
se centram atentos na questão prato,
atenção ao mesmo tempo acesa e cega,
tão em ponta que o talher se contagia
e que a prata inemocional se retesa.
Então, fazem lembrar os do anatomista
o método e os modos deles nessa mesa:
contudo, eles consomem o que dissecam
(daí se aguçarem em ponta, em vespa);

o prato deu soluções, não problemas,
e tanta atenção só visa a evitar perdas:
no consumir das questões pré-cozidas
que demandam das cozinhas e igrejas.

Retrato de escritor

Insolúvel: na água quente e na fria;
nas de furar a pedra ou nas langues;
nas águas lavadeiras; até nos álcoois
que dissolvem o desdém mais diamante.
Insolúvel: por muito o dissolvente;
igual, nas gotas de um pranto ao lado,
e nas águas do banho que o submerge,
em beatitude, e de que emerge ingasto.

•

Solúvel: em toda tinta de escrever,
o mais simples de seus dissolventes;
primeiramente, na da caneta-tinteiro
com que ele se escreve dele, sempre
(manuscrito, até em carta se abranda,
em pedra-sabão, seu diamante primo);
solúvel, mais: na da fita da máquina
onde mais tarde ele se passa a limpo
o que ele se escreveu da dor indonésia
lida no Rio, num telegrama do Egito
(datiloscrito, já se acaramela muito
seu diamante em pessoa, pré-escrito).

Solúvel, todo: na tinta, embora sólida,
da rotativa, manando seu auto-escrito
(impresso, e tanto em livro-cisterna
ou jornal-rio, seu diamante é líquido).

Ilustração para a "Carta aos *puros*" de Vinicius de Moraes

A uma se diz cal viva: a uma, morta;
uma, de ação até o ponto de ativista,
passa de pura a purista e daí passa
a depurar (destruindo o que purifica).
E uma, nada purista e só construtora,
trabalha apagadamente e sem cronista:
mais modesta que servente de pedreiro,
aquém de salário mínimo, de nortista.

•

Uma cal sai por aí tudo, vestindo tudo
com o algodãozinho alvo de sua camisa,
de uma camisa que, ao vestir de fresco,
veste de claro e de novo, e reperfila;
e nas vezes de vestir parede de adobe,
ou de taipa, de terra crua ou de argila,
essa cal lhe constrói um perfil afiado,
uma quina pura, quase de pedra cantaria.
Uma cal não sai: se referve em caeiras,
se apurando sem fim a corrosão e a ira,
o purismo e a intolerância inquisidora,
de beata e gramatical, somente punitiva;

se a deixassem sair, sairia roendo tudo
(de tudo, e até de coisas nem nascidas),
e no fim roídas as fichas e indicadores,
se roeria os dentes: enfim autopolícia.

Na Baixa Andaluzia

Nessa Andaluzia coisa nenhuma cessa
completamente de ser da e de terra;
e de uma terra dessa sua, de noiva,
de entreperna: terra de vale, coxa;
donde germinarem ali pelos telhados,
e verdadeiros, jardins de jaramago:
a terra das telhas, apesar de cozida,
nem cessa de parir nem a ninfomania.
De parir flores de flor, não de urtiga:
os jardins germinam sobre casas sadias,
que exibem os tais jardins suspensos
e outro interior, no pátio de dentro,
e outros sempre onde da terra incasta
dessa Andaluzia, terra sem menopausa,
que fácil deita e deixa, nunca enviúva,
e que de ser fêmea nenhum forno cura.

2

A terra das telhas, apesar de cozida,
não cessa de dar-se ao que engravida:
segue do feminino; aliás, são do gênero
as cidades ali, sem pedra nem cimento,

feitas só de tijolo de terra parideira
de que herdam tais traços de femeeza.
(Sevilha os herdou todos e ao extremo:
a menos macha, e tendo pedra e cimento).

Para mascar com *chiclets*

Quem subiu, no novelo do *chiclets,*
ao fim do fio ou do desgastamento,
sem poder não sacudir fora, antes,
a borracha infensa e imune ao tempo;
imune ao tempo ou o tempo em coisa,
em pessoa, encarnado nessa borracha,
de tal maneira, e conforme ao tempo,
o *chiclets* ora se contrai ora se dilata,
e consubstante ao tempo, se rompe,
interrompe, embora logo se reemende,
e fique a romper-se, a reemendar-se,
sem usura nem fim, do fio de sempre.
No entanto quem, e saberente que ele
não encarna o tempo em sua borracha,
quem já ficou num primeiro *chiclets*
sem reincidir nessa coisa (ou nada).

2

Quem pôde não reincidir no *chiclets,*
e saberente que não encarna o tempo:
ele faz sentir o tempo e faz o homem
sentir que ele homem o está fazendo.

Faz o homem, sentindo o tempo dentro,
sentir dentro do tempo, em tempo-firme,
e com que, mascando o tempo *chiclets,*
imagine-o bem dominado, e o exorcize.

O regaço urbanizado

Os bairros mais antigos de Sevilha
criam o gosto pelo regaço urbanizado.
Com ruas feitas apenas com esquinas
e por onde o caminhar fia quadrado,
para quem sente nu no meio da sala
e se veste com os cantos retirados,
com ruas medindo corredores de casa,
onde um balcão toca o do outro lado,
para quem torce a avenida devassada
e enfia o embainhamento de um atalho,
com ruas feitas com pedaços de rua,
se agregando mal, por mal colados,
para quem, em meio a qualquer praça,
sente o olho de alguém a espioná-lo,
os bairros mais antigos de Sevilha
criaram uma urbanização do regaço.

2

Com ruas arruelando mais, em becos,
ou alargando, mas em mínimos largos,
eles têm abrigos e íntimos de corpo
nos recantos em desvão e esconsados.

Eles têm o aconchego que a um corpo
dá estar noutro interno ou aninhado,
para quem quer, quando fora de casa,
seus dentros e resguardos de quarto.

Habitar o tempo

A F. A. Bandeira de Melo

Para não matar seu tempo, imaginou:
vivê-lo enquanto ele ocorre, ao vivo;
no instante finíssimo em que ocorre,
em ponta de agulha e porém acessível;
viver seu tempo: para o que ir viver
num deserto literal ou de alpendres;
em ermos, que não distraiam de viver
a agulha de um só instante, plenamente.
Plenamente: vivendo-o de dentro dele;
habitá-lo, na agulha de cada instante,
em cada agulha instante: e habitar nele
tudo o que habitar cede ao habitante.

2

E de volta de ir habitar seu tempo:
ele corre vazio, o tal tempo ao vivo;
e, como além de vazio, transparente,
o instante a habitar passa invisível.
Portanto: para não matá-lo, matá-lo;
matar o tempo, enchendo-o de coisas;
em vez do deserto, ir viver nas ruas
onde o enchem e o matam as pessoas;

pois, como o tempo ocorre transparente
e só ganha corpo e cor com seu miolo
(o que não passou do que lhe passou),
para habitá-lo: só no passado, morto.

Duas fases do jantar dos Comendadores

Assentados, mais fundo que sentados,
eles sentam sobre as supercadeiras:
cadeiras com patas, mais que pernas,
e de pau-d'aço, um que não manqueja.
Fundassentados se abrem: todoabertos
ante a mesa, ainda uma mesa-de-espera,
e pré-abertos, para as ótimas opções
se mini-ultimando na cozinha e adega;
almiabertos para que nada lhes escape
na escolha entre tudo o que a bandeja;
calmoabertos, podendo escolher o tudo
do que oferecem bandejas e igrejas.

•

Assentados fundo, ou fundassentados,
à prova de qualquer abalo e falência,
se centram no problema circunscrito
que o prato de cada um lhe apresenta.
Fundassentados se fecham: revestindo,
contra tudo em torno, bem carangueja,
a carapaça que usam, dentro do prato
e de outros círculos e áreas defesas;

se fecham: erguem fronteiras no prato,
se entrincheiram atrás das fronteiras;
se fecham até de poros, o que só fecham
quando ouvem sermão de outras igrejas.

Para a Feira do Livro

A Ángel Crespo

Folheada, a folha de um livro retoma
o lânguido e vegetal da folha folha,
e um livro se folheia ou se desfolha
como sob o vento a árvore que o doa;
folheada, a folha de um livro repete
fricativas e labiais de ventos antigos,
e nada finge vento em folha de árvore
melhor do que vento em folha de livro.
Todavia a folha, na árvore do livro,
mais do que imita o vento, profere-o:
a palavra nela urge a voz, que é vento,
ou ventania varrendo o podre a zero.

•

Silencioso: quer fechado ou aberto,
inclusive o que grita dentro; anônimo:
só expõe o lombo, posto na estante,
que apaga em pardo todos os lombos;
modesto: só se abre se alguém o abre,
e tanto o oposto do quadro na parede,
aberto a vida toda, quanto da música,
viva apenas enquanto voam suas redes.

Mas, apesar disso e apesar de paciente
(deixa-se ler onde queiram), severo:
exige que lhe extraiam, o interroguem;
e jamais exala: fechado, mesmo aberto.

APÊNDICES

Cronologia

1920 – Filho de Luiz Antônio Cabral de Melo e de Carmem Carneiro-Leão Cabral de Melo, nasce, no Recife, João Cabral de Melo Neto.

1930 – Depois de passar a infância nos municípios de São Lourenço da Mata e Moreno, volta para o Recife.

1935 – Obtém destaque no time juvenil de futebol do Santa Cruz Futebol Clube. Logo, porém, abandona a carreira de atleta.

1942 – Em edição particular, publica seu primeiro livro, *Pedra do sono.*

1945 – Publica *O engenheiro.* No mesmo ano, ingressa no Itamaraty.

1947 – Muda-se, a serviço do Itamaraty, para Barcelona, lugar decisivo para a sua obra. Compra uma tipografia manual e imprime, desde então, textos de autores brasileiros e espanhóis. Nesse mesmo ano trava contato com os espanhóis Joan Brossa e Antoni Tàpies.

1950 – Publica *O cão sem plumas.* Em Barcelona, as Editions de l'Oc publicam o ensaio *Joan Miró*, com gravuras originais do pintor. O Itamaraty o transfere para Londres.

1952 – Sai no Brasil, em edição dos *Cadernos de cultura do MEC*, o ensaio *Joan Miró*. É acusado de subversão e retorna ao Brasil.

1953 – O inquérito é arquivado.

1954 – *O rio*, redigido no ano anterior, recebe o Prêmio José de Anchieta, concedido pela Comissão do IV Centenário de São Paulo, que também imprime uma edição do texto. A Editora Orfeu publica uma edição de seus *Poemas reunidos*. Retorna às funções diplomáticas.

1955 – Recebe, da Academia Brasileira de Letras, o Prêmio Olavo Bilac.

1956 – Sai, pela Editora José Olympio, *Duas águas*. Além dos livros anteriores, o volume contém *Paisagens com figuras*, *Uma faca só lâmina* e *Morte e vida severina*. Volta a residir na Espanha.

1958 – É transferido para Marselha, França.

1960 – Em Lisboa, publica *Quaderna* e, em Madri, *Dois parlamentos*. Retorna para a Espanha, trabalhando agora em Madri.

1961 – Reunindo *Quaderna* e *Dois parlamentos*, junto com o inédito *Serial*, a Editora do Autor publica *Terceira feira*.

1964 – É nomeado um dos representantes da delegação brasileira nas Nações Unidas, em Genebra.

1966 – Com música de Chico Buarque de Holanda, o Teatro da Universidade Católica de São Paulo (Tuca) monta *Morte e vida severina*, com estrondoso sucesso. A peça é encenada em diversas cidades brasileiras e, depois, em Portugal e na França. Publica *A educação pela pedra*, que recebe vários prêmios, entre eles o Jabuti. O Itamaraty o transfere para Berna.

1968 – A Editora Sabiá publica a primeira edição de suas *Poesias completas*. É eleito, na vaga deixada por Assis Chateaubriand, para ocupar a cadeira 37 da Academia Brasileira de Letras. Retorna para Barcelona.

1969 – Com recepção de José Américo de Almeida, toma posse na Academia Brasileira de Letras. É transferido para Assunção, no Paraguai.

1972 – É nomeado embaixador no Senegal, África.

1975 – A Associação Paulista de Críticos de Arte lhe concede o Grande Prêmio de Crítica. Publica *Museu de tudo*.

1980 – Publica *A escola das facas*.

1981 – É transferido para a embaixada de Honduras.

1984 – Publica *Auto do frade*.

1985 – Publica *Agrestes*.

1986 – Assume o Consulado-Geral no Porto, Portugal.

1987 – No mesmo ano, recebe o prêmio da União Brasileira de Escritores e publica *Crime na calle Relator*. Retorna ao Brasil.

1988 – Publica *Museu de tudo e depois*.

1990 – Aposenta-se do Itamaraty. Publica *Sevilha andando* e recebe, em Lisboa, o Prêmio Luís de Camões.

1992 – Em Sevilha, na Exposição do IV Centenário da Descoberta da América é distribuída a antologia *Poemas sevilhanos*, especialmente preparada para a ocasião. A Universidade de Oklahoma lhe concede o Neustadt International Prize.

1994 – São publicadas, em um único volume, suas *Obras completas*. Recebe na Espanha o Prêmio Rainha Sofia de Poesia Ibero-Americana, pelo conjunto da obra.

1996 – O Instituto Moreira Salles inaugura os *Cadernos de literatura brasileira* com um número sobre o poeta.

1999 – João Cabral de Melo Neto falece no Rio de Janeiro.

(Fontes: Melo Neto, João Cabral. *Poesia completa e prosa*. Rio de Janeiro: Nova Aguilar, 2008; *Cadernos de literatura brasileira*. Instituto Moreira Salles. nº 1, março de 1996; Castello, José. *João Cabral de Melo Neto: o homem sem alma & Diário de tudo*. Rio de Janeiro: Bertrand Brasil, 2006; Academia Brasileira de Letras; Fundação Joaquim Nabuco.)

Bibliografia do autor

POESIA

Livros avulsos

Pedra do sono. Recife: edição do autor, 1942. [sem numeração de páginas.] Tiragem de 300 exemplares, mais 40 em papel especial.

Os três mal-amados. Rio de Janeiro: Revista do Brasil, nº 56, dezembro de 1943. p. 64-71.

O engenheiro. Rio de Janeiro: Amigos da Poesia, 1945. 55 p.

Psicologia da composição com *A fábula de Anfion* e *Antiode.* Barcelona: O Livro Inconsútil, 1947. 55 p. Tiragem restrita, não especificada, mais 15 em papel especial.

O cão sem plumas. Barcelona: O Livro Inconsútil, 1950. 41 p. Tiragem restrita, não especificada.

O rio ou *Relação da viagem que faz o Capibaribe de sua nascente à cidade do Recife.* São Paulo: Edição da Comissão do IV Centenário de São Paulo, 1954. [s.n.p.]

Quaderna. Lisboa: Guimarães Editores, 1960. 113 p.

Dois parlamentos. Madri: edição do autor, 1961. [s.n.p.] Tiragem de 200 exemplares.

A educação pela pedra. Rio de Janeiro: Editora do Autor, 1966. 111 p.

Museu de tudo. Rio de Janeiro: José Olympio, 1975. 96 p.

A escola das facas. Rio de Janeiro: José Olympio, 1980. 94 p.

Auto do frade. Rio de Janeiro: José Olympio, 1984. 87 p.

Agrestes. Rio de Janeiro: Nova Fronteira, 1985. 160 p. Além da convencional, houve tiragem de 500 exemplares em papel especial.

Crime na calle Relator. Rio de Janeiro: Nova Fronteira, 1987. 82 p.

Sevilha andando. Rio de Janeiro: Nova Fronteira, 1989. 84 p.

Primeiros poemas. Rio de Janeiro: Faculdade de Letras da UFRJ, 1990. 46 p. Tiragem de 500 exemplares.

Obras reunidas

Poemas reunidos. Rio de Janeiro: Orfeu, 1954. 126 p.

Duas águas. Rio de Janeiro: José Olympio, 1956. 270 p. Inclui em primeira edição *Morte e vida severina*, *Paisagens com figuras* e *Uma faca só lâmina*. Além da convencional, houve tiragem de 20 exemplares em papel especial.

Terceira feira. Rio de Janeiro: Editora do Autor, 1961. 214 p. Inclui em primeira edição *Serial*.

Poesias completas. Rio de Janeiro: Sabiá, 1968. 385 p.

Poesia completa. Lisboa: Imprensa Nacional/ Casa da Moeda, 1986. 452 p.

Museu de tudo e depois (1967-1987). Rio de Janeiro: Nova Fronteira, 1988. 339 p.

Obra completa. Rio de Janeiro: Nova Aguilar, 1994. Inclui em primeira edição *Andando Sevilha*. 836 p.

Serial e antes. Rio de Janeiro: Nova Fronteira, 1997. 325 p.

A educação pela pedra e depois. Rio de Janeiro: Nova Fronteira, 1997. 385 p.

O cão sem plumas. Rio de Janeiro: Objetiva, 2007, 204 p. Inclui *Pedra do sono, Os três mal-amados, O engenheiro, Psicologia da composição* e *O cão sem plumas*.

Morte e vida severina. Rio de Janeiro: Objetiva, 2007, 176 p. Inclui *O rio, Morte e vida severina, Paisagens com figuras* e *Uma faca só lâmina*.

A educação pela pedra. Rio de Janeiro: Objetiva, 2008, 298 p. Inclui *Quaderna, Dois parlamentos, Serial* e *A educação pela pedra*.

Poesia completa e prosa. Rio de Janeiro: Nova Aguilar, 2008. 820 p.

Antologias

Poemas escolhidos. Lisboa: Portugália Editora, 1963. 273 p. Seleção de Alexandre O'Neil.

Antologia poética. Rio de Janeiro: Editora do Autor, 1965. 190 p.

Morte e vida severina e outros poemas em voz alta. Rio de Janeiro: Editora do Autor, 1966. 153 p.

Literatura comentada. São Paulo: Abril Educação, 1982. 112 p. Seleção de José Fulaneti de Nadai.

Poesia crítica. Rio de Janeiro: José Olympio, 1982. 125 p.

Melhores poemas. São Paulo: Global, 1985. 231 p. Seleção de Antonio Carlos Secchin.

Poemas pernambucanos. Rio de Janeiro: Nova Fronteira/Centro Cultural José Mariano, 1988. 217 p.

Poemas sevilhanos. Rio de Janeiro: Nova Fronteira, 1992. 219 p.

Entre o sertão e Sevilha. Rio de Janeiro: Ediouro, 1997. 109 p. Seleção de Maura Sardinha.

O artista inconfessável. Rio de Janeiro: Objetiva, 2007, 200 p.

PROSA

Considerações sobre o poeta dormindo. Recife: Renovação, 1941. [s.n.p.]

Joan Miró. Barcelona: Editions de l'Oc, 1950. 51 p. Tiragem de 130 exemplares. Com gravuras originais de Joan Miró.

Aniki Bobó. Recife: s/editor, 1958. Ilustrações de Aloisio Magalhães. [s.n.p.] Tiragem de 30 exemplares.

O Arquivo das Índias e o Brasil. Rio de Janeiro: Ministério das Relações Exteriores, 1966. 779 p. Pesquisa histórica.

Guararapes. Recife: Secretaria de Cultura e Esportes, 1981. 11 p.

Poesia e composição. Conferência realizada na Biblioteca Municipal Mário de Andrade, de São Paulo, em 1952. Coimbra: Fenda Edições, 1982. 18 p. Tiragem de 500 exemplares.

Idéias fixas. Rio de Janeiro: Nova Fronteira/FBN; Mogi das Cruzes, SP: UMC, 1998. 151 p. Org. Félix de Athayde.

Prosa. Rio de Janeiro: Nova Fronteira, 1998. 139 p.

Correspondência de Cabral com Bandeira e Drummond. Rio de Janeiro: Nova Fronteira/Casa de Rui Barbosa, 2001. 319 p. Org. Flora Süssekind.

Bibliografia selecionada sobre o autor

ATHAYDE, Félix de. *A viagem (*ou *Itinerário intelectual que fez João Cabral de Melo Neto do racionalismo ao materialismo dialético).* Rio de Janeiro: Nova Fronteira/Fundação Biblioteca Nacional, 2000. 111 p.

BARBIERI, Ivo. *Geometria da composição.* Rio de Janeiro: Sette Letras, 1997. 143 p.

BARBOSA, João Alexandre. *A imitação da forma: uma leitura de João Cabral de Melo Neto.* São Paulo: Duas Cidades, 1975. 229 p.

_____. *João Cabral de Melo Neto.* São Paulo: PubliFolha, 2001. 112 p.

BRASIL, Assis. *Manuel e João.* Rio de Janeiro: Imago, 1990. 270 p.

CAMPOS, Maria do Carmo, org. *João Cabral em perspectiva.* Porto Alegre: Editora da UFRG, 1995. 198 p.

CARONE, Modesto. *A poética do silêncio.* São Paulo: Perspectiva, 1979. 128 p.

CASTELLO, José. *João Cabral de Melo Neto: o homem sem alma & Diário de tudo.* Rio de Janeiro: Bertrand Brasil, 2005. 269 p.

COUTINHO, Edilberto. *Cabral no Recife e na memória.* Recife: Suplemento Cultural do *Diário Oficial*, 1997. 33 p.

CRESPO, Angel, e GOMEZ Bedate, Pilar. *Realidad y forma en la poesía de Cabral de Melo.* Madri: Revista de Cultura Brasileña, 1964. 69 p.

ESCOREL, Lauro. *A pedra e o rio.* 2ª ed. Rio de Janeiro: Academia Brasileira de Letras, 2001, 141 p.

GONÇALVES, Aguinaldo. *Transição e permanência. Miró/ João Cabral: da tela ao texto.* São Paulo: Iluminuras, 1989. 183 p.

LIMA, Luiz Costa. *Lira e antilira – Mário, Drummond, Cabral.* 2ª ed. Rio de Janeiro: Topbooks, 1995. 335 p.

LOBO, Danilo. *O poema e o quadro: o picturalismo na obra de João Cabral de Melo Neto.* Brasília: Thesaurus, 1981. 157 p.

LUCAS, Fábio. *O poeta e a mídia.* Carlos Drummond de Andrade e João Cabral de Melo Neto. São Paulo: SENAC, 2003. 143 p.

MAMEDE, Zila. *Civil geometria.* Bibliografia crítica, analítica e anotada de João Cabral de Melo Neto. São Paulo: Livraria Nobel/EDUSP, 1987. 524 p.

MARTELO, Rosa Maria. *Estrutura e transposição.* Porto: Fundação Eng. António de Almeida, 1989. 138 p.

NUNES, Benedito. *João Cabral: a máquina do poema.* Brasília: Editora Universidade de Brasília, 2007. 173 p.

_____. *João Cabral de Melo Neto.* Petrópolis: Vozes, 1971. 217 p.

PEIXOTO, Marta. *Poesia com coisas: uma leitura de João Cabral de Melo Neto.* São Paulo: Perspectiva, 1983. 215 p.

PEIXOTO, Níobe Abreu. *João Cabral e o poema dramático:* Auto do frade, *poema para vozes.* São Paulo: Annablume/ FAPESP, 2001. 150 p.

SAMPAIO, Maria Lúcia Pinheiro. *Processos retóricos na obra de João Cabral de Melo Neto.* São Paulo: HUCITEC, 1980. 168 p.

SECCHIN, Antonio Carlos. *João Cabral: a poesia do menos e outros ensaios cabralinos.* 2ª ed., rev. e ampliada. Rio de Janeiro/São Paulo: Topbooks/Universidade de Mogi das Cruzes, 1999. 333 p.

SENNA, Marta de. *João Cabral: tempo e memória.* Rio de Janeiro: Antares, 1980. 209 p.

SOARES, Angélica Maria Santos. *O poema: construção às avessas: uma leitura de João Cabral de Melo Neto.* Rio de Janeiro: Tempo Brasileiro, 1978. 86 p.

SOUZA, Helton Gonçalves de. *A poesia crítica de João Cabral de Melo Neto.* São Paulo: Annablume, 1999. 220 p.

_____. *Dialogramas concretos.* Uma leitura comparativa das poéticas de João Cabral de Melo Neto e Augusto de Campos. São Paulo: Annablume, 2004. 276 p.

VÁRIOS. *The Rigors of Necessity.* Oklahoma: World Literature Today, The University of Oklahoma, 1992. p. 559-678.

VÁRIOS. *Dossiê João Cabral.* Revista Range Rede, nº 0. Rio de Janeiro: Grupo de Estudos Literários Palavra Palavra, 1995. 80 p.

VÁRIOS. *João Cabral de Melo Neto.* Cadernos de Literatura nº 1. Rio de Janeiro: Instituto Moreira Salles, 1996. 131 p.

VÁRIOS. *Paisagem tipográfica*. Homenagem a João Cabral de Melo Neto. Lisboa: Colóquio/Letras 157/158, julho-dezembro de 2000. 462 p.

VERNIERI, Susana. *O Capibaribe de João Cabral em O cão sem plumas e O rio: Duas águas?*. São Paulo: Annablume, 1999. 195 p.

TAVARES, Maria Andresen de Sousa. *Poesia e pensamento*. Wallace Stevens, Francis Ponge, João Cabral de Melo Neto. Lisboa: Caminho, 2001. 383 p.

TENÓRIO, Waldecy. *A bailadora andaluza*: a explosão do sagrado na poesia de João Cabral. São Paulo: Ateliê Editorial, 1996. 178 p.

Índice de títulos

Índice de primeiros versos

Notas

[1] *Quaderna* foi publicado em 1960, em Lisboa; *Dois parlamentos* apareceu no ano seguinte, em Madri; ambos foram reunidos em edição brasileira ainda em 1961, num volume denominado *Terceira feira*, do qual constava o livro inédito *Serial*. *A educação pela pedra* veio à luz em 1966.

[2] Benedito Nunes. *João Cabral de Melo Neto*. Petrópolis, Vozes, 1971. p. 114.

[3] Antonio Carlos Secchin. *A poesia do menos*. São Paulo: Duas Cidades, Brasília: INL/Fundação Nacional Pró-Memória, 1985. p. 164.

[4] Apenas em *Terceira feira* há uma separação destas partes em quadras (quatro cada uma). A partir da edição das *Poesias completas*, o poeta adotou o formato que utilizara na primeira edição: o arranjo contínuo da estrofe, estruturada com 16 versos. Contudo, é sem dificuldades que se reconhece na aparente continuidade a estruturação em quadras.

[5] Entrevista concedida a José Carlos de Vasconcelos. *Diário de Lisboa*, suplemento "Vida literária e artística". Lisboa, 1966. Reproduzida em *As idéias fixas de João Cabral de Melo Neto*, org. Felix de Athayde, Rio de Janeiro: Nova Fronteira/FBN, Mogi das Cruzes: Universidade de Mogi das Cruzes, 1998. p. 113.

[6] Para uma visão completa dos circuitos de construção de *Serial,* ver Antonio Carlos Secchin, op. cit., p. 185-221.

[7] Entrevista a *O Estado de S. Paulo,* 19 de janeiro de 1986. Reproduzida em *As idéias fixas de João Cabral de Melo Neto,* op. cit., p. 87.

[8] Entrevista a *O Cruzeiro,* 1968, idem, p. 116-117.

ALFAGUARA

Editora Objetiva Ltda.
Rua Cosme Velho, 103
Rio de Janeiro — RJ — Cep: 22241-090
Tel.: (21) 2199-7824 — Fax: (21) 2199-7825
www.objetiva.com.br

Capa e projeto gráfico
Mariana Newlands

Fotos de capa
Zé Nogueira
Hugo Moss

Estabelecimento do texto e bibliografia
Antonio Carlos Secchin

Revisão
Fátima Fadel
Ana Kronemberger

Editoração eletrônica
Abreu's System Ltda.

CIP-BRASIL. CATALOGAÇÃO-NA-FONTE
SINDICATO NACIONAL DOS EDITORES DE LIVROS, RJ.

M486e

Melo Neto, João Cabral de
A educação pela pedra e outros poemas / João Cabral de Melo Neto. Rio de Janeiro : Objetiva, 2008.

294p. ISBN 978-85-60281-44-2

Apêndices
Inclui bibliografia

1. Poesia brasileira. I. Título.

08-0362. CDD: 869.91
CDU: 821.134.4(81)-1

Este livro foi impresso na
LIS GRÁFICA E EDITORA LTDA.
Rua Felício Antônio Alves, 370 – Bonsucesso
CEP 07175-450 – Guarulhos – SP – Fax: (11) 3382-0778
Fone: (11) 3382-0777 – e-mail: lisgrafica@lisgrafica.com.br